이렇게 주식시장의 숨결을
전해드릴수 있어서 행복합니다.
부디 성공하는 투자 이루시길 바랍니다.
한 서구 올림.

초판 한정《주식은 그렇게 하는 게 아닙니다》출간 기념!

VIP SPECIAL COUPON

강연 초대권

※ 강연 입장 시 초대권 지참

《주식은 그렇게 하는 게 아닙니다》초판 독자들에게
백만개미 한세구 오프라인 강연에 참여하실 수 있는 혜택을 드립니다.

사용방법 코로나19로 인한 집합 금지가 해제된 이후, 강연 일정이 유튜브 채널 '백만개미'와 출판사 '쌤앤파커스'의 SNS에 업로드될 예정입니다.
자세한 신청 방법과 강연 일시, 장소 등이 함께 공지됩니다.

안내사항 오프라인 강연 특성상 회당 초대 인원이 제한적일 수 있으며, 개인 일정과 맞지 않을 수 있습니다. 이로 인한 환불은 불가합니다.

독자 여러분의 건강과 코로나19의 빠른 종식을 기원하겠습니다

https://www.instagram.com/samnparkers/

※ 초판 구매자 등록 링크

주식은
그렇게 하는 게
아닙니다

한세구 지음

쌤앤파커스

CONTENTS

개미가 시장에
지지 않는 방법

PART 2

성공적인 투자를 위한 마인드셋

PART
3

무엇을 살 것인가?

PART 4

시장이 숨기고 있는 것들을 파악하라

PART 5

주식 투자는 결국 멘탈 싸움이다

PART 6 이익을 부르는 투자의 마인드

니들이 전쟁을 알아?

"난 참 행복한 사람이다."라는 생각을 하면서 살아간다.

자랄 때도 그랬고, 증권쟁이로 살면서도 그랬고, 은퇴하고서는 더더욱 그런 생각이 든다. 주변 상황은 항상 내 편이었고, 주변의 사람들은 늘 나를 아껴주었다. 증권쟁이 40여 년의 시간을 끝내고 지하철 공짜로 탈 나이가 됐을 때, 소위 말하는 은퇴라는 걸 했다. 은퇴후 특별한 계획이 있었던 것은 아니지만, 우선 남은 인생을 잘 지내는 방법을 찾아내는 데 시간을 쓰기로 작정했다.

1977년 삼보증권에 입사한 이래로 정말 숨 가쁘게 살아왔다. 1986년 KBS1 채널에서 이계진 아나운서가 진행했던 프로그램 '가정저널'에 3년 동안 '증권 전문가'로 출연을 하면서 대중적인 인기도 누렸다. 거의 30년을 증권쟁이를 하며 부업으로는 방송쟁이를 해오던 끝에 SBS CNBC의 앵커로 2시간씩 2년간 생방송을 하루도 빠짐없이 진행하며 방송도 원 없이 해 봤다.

그렇지만 난 정말 '증권쟁이'라는 직업을 무척 사랑했고 지금도 사랑한다. 정말 이 분야의 '쟁이'가 되고 싶었다. 언젠가 배우인 선배와 저녁을 먹다가 "연극쟁이는 무대에서 죽는 게 제일 아름다운 거야."라는 선배 말이 무척 멋있게 들렸다. 그럼 증권쟁이는 뭘 하다 죽어야 멋있지? 뭐 묘안이 떠오르지 않았다. 아무리 생각해도 죽는 데는 멋이 있을 수가 없겠다는 생각이 들었다. 그럼 죽을 때까지 멋있게 살면 되겠다는 결론을 내렸다. 그런데 고민이 더 커졌다 어떻게 사는 게 멋있는 건데? 뼈가 부스러지게 봉사를 해? 아니, 지금껏 남에게 큰 피해를 준 적은 없지만 이렇다 할 도움을 준 적도 없어서 내가 믿는 예수님께도 늘 죄송한데 지금 갑자기 무슨 봉사? 그러다 문득 옛일 하나가 생각났다.

나에게 맞는 봉사를 찾아서

내가 진행하던 경제방송 프로그램에서 실제로 주식 투자를 해보는 코너가 있었다. 다행히 수익이 나서 이 수익금으로 뭘 할까 고민했는데, 누가 경북 봉화에 수녀님이 운영하시는 어린이집이 있다고 알려주었다. 원생 대부분이 다문화 가정이라 어머니의 한국어가 서툴러서 아이들이 여러 가지로 어려움이 많다는 얘기를 듣고, 수익금과 함께 아동서 전문 출판사의 도움으로 책도 한 트럭 싣고 다녀온 적이 있었다. 가서 책을 전달하고 수녀님과 아이들과 사진도 찍고… 당연히 방송용 카메라도 함께였다. 아이들이 책 선물을 정말 좋아했던 기억이 난다.

일련의 과정을 마치고 자그마한 체구의 수녀님과 차 한잔을 나누는데, 찻잔의 이가 빠져 있었다. 내가 물끄러미 이 빠진 찻잔을 바라보자 수녀님이 "형제님, 여기는 그래요. 우리 아이들 밥그릇도 다 그래요. 그래도 이렇게 아이들을 돌볼 수 있어서 감사하게 생각합니다."라고 말씀하셨다. 서울로 돌아오는 내내 가슴이 답답했다. 그리고 왠지 창피했다. 난 사실 이 일을 하고 돌아올 때쯤이면 상당히 뿌듯해질 줄 알았다. 그런데 그게 아니었다. 다음 날 본부장과 상의해서 우리가 찍어 온 영상을 방송하지 않기로 하면서 조금은 숨통이 트였다.

또 다른 봉사의 기억은 친한 친구 녀석이 매주 한 번씩 요양병원에 방문해 몸이 불편한 노인분들 목욕을 돕는 봉사를 가자고 해서 멋모르고 따라나선 것이다. 너무 힘들어서 자칫했으면 요양병원에 내가 들어갈 뻔했다. 그날 이후 그 친구가 존경스러웠다. 이 경험으로 죽어서 지옥에 갈지라도 나와 봉사는 잘 어울리지 않는다는 어이없는 결론을 스스로 내려 버렸으니 남은 생을 봉사하며 산다는 것도 어렵게 되어갈 즈음 '코로나19'가 터졌다.

그 흔하던 마스크는 약국 앞에 정해진 날 줄을 서야 달랑 2개를 가질 수 있었다. 마스크는 그렇다고 치고 주가가 어마어마하게 빠지기 시작했다. 외국인과 기관투자자들은 지구의 종말이라도 본 것처럼 팔아댔다. "어! 지금 사야지. 왜 팔아?"라는 생각이 들었다.

그런데 그 물량을 개인투자자들이 다 사고 있단다. 여기저기 이 방송 저 방송, 이 유튜브 저 유튜브 대부분에서 앞으로 주식 시장의 붕괴를 걱정하며 지금 마구잡이로 사는 개인들이 몹시 걱정된다는 주의까지 주고 있었다. 심지어는 1920~30년대 대공황까지 소환해서 경거망동하지 말 것을 여러 가지 과거 분석 수치와 어려운 경제 용어를 섞어 가며 자세히 설명하고 있었다. 그러나 내 생각은 좀 달랐다.

"아! 이 친구들은 10여 년 동안 우리 증시가 박스권 안에 갇힌 채 움직이는 모습만 보아 왔으니 당연히 그럴 수 있다. 일본 에도시대 때 250년간 전쟁을 안 해본 사무라이와 같구나. 니들이 전쟁을 알어? 이건 전쟁이라고!"

슬기로운 꼰대생활의 시작

드디어 찾았다. 내가 봉사할 수 있는 일을…. 말해주자, 개미 투자자들에게, 주린이들에게 바로 '지금' 사야 한다고. 그러나 한편으로는 이런 생각도 들었다. 한때 경제방송 앵커를 하고 증권 업계에서 40여 년을 근무하면서 증권사 지점장, 증권사 임원, 투자자문사 사장, 산전수전 공중전 나름 다 겪었으면 뭐하나. 나이 70을 향해 가는 꼰대 말을 누가 듣겠어? 고민하는 중에 상황 파악을 하는 데는 별로 오랜 시간이 필요하지가 않았다.

"아니다! 주식 시장이야 '엔터' 칠 기운만 있으면 얘기할 수 있는 거지, 저 사람들한테 제대로 된 투자법을 말해 줘야지. 유튜브로 하면 되겠다. 안 보면 말고."

결심하고는 평소 친분이 있던 슈퍼 유튜버 '신사임당' 주언규 대표에게 급한 대로 조언을 듣고 벼락같이 시작했다. 유튜브 채널 이름은 '백만개미'. 아무에게도 안 알리고 시작을 했으니 당연히 사람들이 볼 리가 없었다. 계정을 홍보하기 위해 슈퍼 전파자가 될 만한 열 분을 골라서 카톡을 보냈다. 꼰대가 이상한 짓을 시작했다고…. 그런데 정말 구독자가 늘지 않았다. 그래도 6개월은 해보자고 심기일전했다. 썸네일 만드는 기술도 편집 기술도 점점 발전했다. 구독자 증가 속도 보다 훨씬 빠르게.

갑자기 어느 날부터 구독자가 하루에 1,000명 이상씩 늘어났다. 내 생각이 맞았다. 대부분의 개인 투자자들은 주식 투자의 아주 기본적인 것도 자세히 모른 채로 투자하고 있었다. 너무 쉬워서 아무도 이야기하지 않으니 어디 묻기도 힘들다. 그동안 경제방송 등에서 내가 지껄이던 말들은 개미 투자자들에겐 너무 어려웠다. 한국말은 분명한데 이해가 안 되는 것이다.

그래, 가르쳐 드리자. 이 일이 내가 사랑했던 증권 시장에 분명히 작은 도움이라도 될 것이다. 기울어진 운동장에서 뛸 수밖에 없는 저분들에게 조그만 도움이라도 된다면 난 꽤 괜찮은 꼰대생활을 하는 거다. 이런 생각으로 유튜버가 됐다.

열심히 활동하던 중에 출판사에서 책 출간 제의를 받았다. 참 감사한 제안이고 그동안 여러 차례 출간 제의를 받아 왔지만 모두 사양했다. 주식 투자 잘하는 것을 가지고 책을 쓴다는 것 자체를 받아들이기 어려웠다. 신(神)도 모른다는 주식 시장을 겨우 40년 남짓 경험한 것을 가지고 감히 논한다? 아주 유명해지기를 바란다거나 다른 목적이 있으면 몰라도 이제 나는 더 유명해지기가 싫다. 아직도 알아보는 사람들이 있어 오히려 불편할 때도 있다. 그래서 처음에는 정중히 사양했다. 그런데 주식 투자 잘하는 책을 내자는 게 아니란다. 많은 투자자들을 보면서 느꼈던 투자자들의 행동 양식, 특히 멘탈 관리 측면에서의 시각을 정리해 보잔다. 그래서 승낙했다. 그리고 원고를 쓴다. 은퇴하고 유튜버에 이어 작가까지 되었다.

갑자기 바빠졌다. 이렇게 나는 행복하게 '슬기로운 꼰대생활'을 하고 있다. 그나저나 책이 많이 팔려야 출판사에 미안하지가 않을 텐데. 주식 종목이나 작가나 잘 골라야 한다는 걸 출판사는 알고 있겠지?

PART 1

개미가 시장에
지지 않는 방법

📈 삼성전자, '지금' 살까요?

주식 투자는 '타이밍의 예술'이라고들 말한다. 아주 좋은 표현이다. 주식 투자는 결국 가장 싸게 사서 가장 비싸게 팔아야 하니 타이밍이 중요할 수밖에 없다. 그렇지만 이를 고민하기 전에 선행되어야 할 일은 "과연 어떤 종목을 살 것인가?"이다. 종목 선정이 잘못되면 아무리 타이밍을 재 봤자 이미 투자가 잘못된 방향으로 흐르고 있는 것이다.

그래서 초보 투자자들이 묻는 첫 번째 질문은 거의 "뭘 사면 먹어요?"다. 질문이 이보다 더 간결할 수가 없다. 그리고 첫 번째 답을 들은 후 이어지는 두 번째 질문 또한 비슷하다. "지금 살까요?"다. 타이밍을 묻는 말이다. 대부분의 초보 개인 투자자는 이 답변 2개를 얻으면 만족한다. 그래서 답 또한 질문만큼 간결하게 해주어야 만족하고 나도 주로 그렇게 조언한다.

우리나라 시장에서 시가총액이 가장 큰, 대한민국을 대표하는 기업인 '삼성전자'. 10년 넘게 삼성전자만 모아서 부자가 됐다는 사람도 있다. 우량주를 사서 장기로 가져가면 부자가 될 수 있다는 증거로 자주 소환되는 종목이다. 그런데 10여 년 전에 삼성전자만 사랑했다는 것은 뛰어난 혜안을 가졌거나, 전생에 나라를 구했거나 둘 중 하나임이 분명하다. 그런데 많은 사람이 그 삼성전자를 '지금' 사도 되냐고 묻는다. 아니, 여태 뭐 하다가 이제 와 삼성전자를 묻느냐는 생각이 든다. 2020년만 해도 수많은 기회가 있었는데…. 이 질문의 속뜻을 알기에 답변하기가 두렵다. 지금 그 질문이 뜻하는 바는 삼성전자를 사면 적어도 1~2주 안에 얼마나 벌 수 있느냐를 묻는 것이다. 내가 그래도 증권 업계에 40년 가까이 종사하면서 산전수전 공중전까지 거친, 그리고 그 경험을 초보 투자자들에게 전해준다는 주식 전문 유튜버인데…. 길게 생각할 것도 없다.

질문한 분이 원하는 식으로 답을 드린다. "사시라!" 이미 질문하신 분은 삼성전자를 사고 싶은 것이다. 그런데 오랜 시간을 삼성전자를 모아서 부자가 됐다는 분과는 다르게 아주 짧은 시간에 돈을 벌고 싶은 것이다. 소위 단타 성공을 기대하고 있다. 그래서 덧붙인다. "우선 사시려는 금액의 20% 이내에서 사 보시죠. 그리고 주가 추이를 보며 천천히 서두르지 말고 사세요." 기실 하나 마나 한 소리를 한 셈이다.

삼성전자가 시가총액이 크다 보니 기관 투자자나 외국인들의 선물·옵션* 거래의 지렛대 역할로도 사용되고, 환율 변동 추이에 따른

---

* '선물 거래'는 파생상품의 한 종류로, 선매후물의 거래 방식으로 진행되는 일종의 선도거래다. 미래에 정해진 일정 시점의 주식을 현재 합의된 가격으로 서로 사고팔 것을 약속하는 계약이다. '옵션 거래'란 지정된 기간에 특정한 가격으로 주식을 사거나 팔 수 있는 권리를 말한다.

자금 이동의 매개체가 되는 경우도 있지만, 개인 투자자는 때로 단순할 필요가 있다. 종목을 선정할 때, 지금 돈을 잘 벌고 있고 앞으로도 잘 벌 수 있는지만 따져 보고 이 2가지가 충족되면 매수하는 것이다.

주식은 쌀 때 사서 비쌀 때 파는 것이라는 간단한 원칙을 모르는 사람은 없다. 그런데 주가가 쌀 때는 아두도 사려고 하지 않는다. 그러다 주가가 상승의 속도를 더해가면 더해갈수록 서로 사려고 난리가 벌어진다. 코로나19로 인해 2020년 3월 큰 폭으로 주가가 하락한 이후, 유독 삼성전자의 주가는 회복이 더뎠다. BBIG라 불리는 다른 기술 성장주는 V자 반등을 나타내고 있었지만, 유독 삼성전자만은 눈에 띄는 상승을 보여 주지 못했다. 몇 개월째 6만 원을 넘기가 어려웠다. 주식 투자를 새롭게 시작하려고 하는 분들께 나도 삼성전자를 많이 권유했었다. 아주 특별한 분석이 아니더라도 당시 상황에서 가장 무난한 투자 종목이었기 때문이다.

그런데 상대적으로 주가 상승이 더디자 여기저기서 볼멘소리가 나왔다. 다른 종목들은 몇십 퍼센트가 오르는 동안 삼성전자는 단 1만 원을 못 오른다는 이유였다. 그러나 상승하던 시장이 잠시 조정에 들어간 2020년 9, 10월을 끝내고 11월 초부터는 삼성전자가 앞장서서 시장을 이끌었다. 2021년 새해 들어서면서 10만 원에 육박하는 모습을 보이자 모두 삼성전자는 그럴 줄 알았단다. 불과 얼마 전 투덜거리던 본인은 이미 잊은 지 오래다. 사자마자 오르면 물론 좋겠지만 그런 경우는 사실 많지 않다. 자꾸 타이밍에 맞춰 사려고 하면 더 꼬이는 것이 주식 투자다.

지금 세계는 팬데믹 이후로 엄청난 유동성*을 풀었다. 과거의 경험으로 볼 때 이런 경제적 위기를 빨리 벗어나는 방법은 상상을 초월하는 유동성 공급을 짧은 기간에 쏟아부어야 한다는 학습 효과 때문이다. 물론 이후에 나타날 인플레이션의 우려가 없는 것은 아니지만, 그렇다고 지금부터 위축된 정책을 펼 수는 없는 것이다.

이제 코로나가 진정 국면에 들어가고 실물 경기 회복이 빠르게 진행되면, 우리는 그동안 경험해 보지 못한 엄청난 호황을 맞이할 수도 있다. 당연히 자산 가격은 오를 수밖에 없고 주식 시장은 활황을 보일 것이다. 물론 단기적 조정이나 경기 과열에 따른 유동성 회수 등이 시장의 속도를 조절하겠지만, 이런 시기에 주식 투자를 하지 않는다면 상당히 후회스러울 것이다.

그러고 보면 타이밍의 예술이라는 주식 투자에서 타이밍보다 더 중요한 것이 바로 '펀더멘털'**이다. 삼성전자가 펀더멘털이 형편없고 미래도 불투명하다면 굳이 살 필요가 없다. 당신이 초보 투자자라서 펀더멘털에 대한 이해가 어렵다면, 아주 간단하게 보는 방법이

---

* 자산을 현금으로 전환할 수 있는 정도'를 말한다. 유동성은 돈, 즉 '통화'와 같은 뜻으로도 사용하는데, 유동성 공급이란 여러 가지 정책에 따라 경제 주체(정부, 기업 등)가 통화, 혹은 현금화가 가능한 자산들을 공급한다는 뜻이다.

** 개별 산업, 기업, 주식 시장에서의 '펀더멘털'은 가지고 있는 경제적 능력과 가치, 잠재적 성장성 등의 뜻으로 사용된다.

있다. 기업의 매출액과 영업 이익, 이 2가지만이라도 반드시 확인하는 것이다. 매출액이 지속적으로 늘어나고 영업 이익 또한 늘고 있다면 일단 펀더멘털이 좋은 기업이라고 생각해도 된다.

어떤 종목은 매매 타이밍이 아주 무의미한 경우가 있다. 타이밍보다는 삼성전자라는 기업을 산다고 생각하자. 적어도 대한민국에서 주식 투자를 하면서 삼성전자가 한 주도 없다면 그리 자랑은 아니다. 혹시 특별한 이유로 보유하고 있지 않더라도 매일 움직임을 살펴봐야 하는 종목이라는 생각이다. 조금 일찍 사고 조금 늦게 사는 것이 별로 중요하지 않을 수도 있다는 얘기다. 타이밍의 중요성보다는 길게 깔고 앉는 주식도 있어야 한다. 그런 의미에서 삼성전자는 아무 때나 매수하기 딱 좋은 주식이다.

나는 주식 시장을 오래 봐 온 사람이다. 그때부터 변하지 않은 것이 있다면 개인 투자자들의 답답함을 해소해 주는 곳이 없다는 것이다. 정말 초보 투자자들에게 도움이 될 수 있는 시장의 숨결을 지금부터 나눠 드리려고 한다. 그냥 어렵지 않게 이야기 나누듯이. 지금도 끊임없이 시장으로 들어오는 개인 투자자들 모두가 꼭 성공투자를 하시길 바라는 마음으로.

주식 시장의 헤게모니를 잡은 백만개미

왜 그 많은 이름 중에 '동학 개미'라는 이름이 개인 투자자들에게 붙었을까?

개인 투자자들은 2020년 초 코로나19로 증시가 폭락을 거듭하는 가운데 외국인 투자자들의 대규모 매도세에 맞서 강력한 매수세로 증시를 지켰다. 또한, 이 여세를 몰아 코스피 지수를 1,430p선에서 9개월 만에 2,800p 이상으로 밀어 올린 이들을 1894년 벌어진 '동학 농민 운동'에 빗대어 '동학 개미'라고 부르기 시작했다. 시장의 하락세가 본격적으로 시작된 2020년 1월 20일부터 3월 31일까지 이 동학 개미들의 순매수 규모는 코스피 19.9조 원, 코스닥 2.3조 원에 이르며 고객예탁금의 경우 1월 20일 28.1조 원에서 3월 31일 43조 원으로 급증했고 연말에는 65조 원에 이르렀다.

당시 반외세 운동이기도 했던 동학 농민 운동은 전라북도 고부 군수 '조병갑'의 폭정에 항거해 일어난 농민봉기에서 출발해, 썩은 정부와 외세에 대한 저항 운동으로 들불처럼 퍼져 나갔다. 몇 차례의 중요한 전투에서 승리를 거두었으나, 관군과 일본 연합군과의 그 유명한 '우금치 전투'에서 패하면서 실패한 농민 운동으로 기록 되었다.

그런데 왜 하필이면 실패한 봉기에 빗대어서 '동학 개미'라고 부를까. 사실 그 속에는 혹시 이번에도 개인 투자자들이 무참하게 외국인 투자자들에게 당하면 어떻게 하나, 하는 걱정이 숨어 있는 게 사실이다.

실제로 2020년 한 해 동안 주식 시장에서는 외국인 투자자와 개인 투자자들 사이에 몇 차례 의미 있는 전투가 있었다. 정말 다행스럽게도 이번에 등장한 동학 개미는 과거와 같지는 않았다. 오죽하면 '스마트 개미'라는 별칭도 동시에 받았다. 이렇게 된 큰 이유 중 하나는 시장에 참여하고 있는 개인 투자자들의 연령대가 많이 젊어졌기 때문이다. 그들은 해외 시장이나 경제, 정치 흐름도 아주 신속히 그리고 빠르게 습득하고 있었다. 정보화 시대, 엄청나게 확장된 각종 네트워크를 통해 시장과 관련된 다양한 정보를 얻고 소화해 내고 있다.

또 하나의 이유는 아파트 갭투자를 하던 자금들이 부동산 쪽의 공격적인 투자가 막히자 주식 시장으로 대거 이동했다는 것이다. 이 자금들의 특징은 조금 먹고 파는 그런 투자는 하지 않는다는 점이다. 기대 수익이 무척 크다는 것을 특징으로 한다. 이에 대한 방증으로 신용 거래 등 '레버리지'*를 적극적으로 활용하는 편이다. 당연히 무작정 투자가 아닌 정보 기반형으로 바뀔 수밖에 없다.

이러한 개인 투자자들의 주식 시장을 향한 이동은 이미 2019년 하반기부터 감지됐다. 소위 큰 자금을 가지고 있는 강남 개미들은 부동산 규제가 점차 강력해지자 2019년 하반기부터 주식 시장으로 방향을 틀기 시작했고, 우리나라 대표 기업인 '삼성전자'가 그 대상이었다. 2020년으로 해가 바뀌면서 개인 투자자들의 자금이 증시로 이동하는 현상이 지속되었다. 그러다 코로나 팬데믹으로 코스피가 1,420p선으로 내려앉자 무서운 속도로 적극적인 매수를 시작했다. 오랫동안 우리 시장의 불문율이었던 '외국인이 팔면 도망가야 한다.'라는 증시 경험칙을 보기 좋게 깨트려 버렸다. 그러면서 주식 시장의 헤게모니를 잡았다.

그동안 10년 이상 박스권을 오르내리던 우리 시장에 익숙해져 있는 기관의 운용자나 애널리스트들의 조심성 있는 시장 접근이 필요하다는 조언은 바로 웃음거리가 되어버렸다. 게다가 여기에 기름을 부은 것이 유망 기업들의 신규상장(IPO)을 위한 청약이었다. 그것은 황금알을 낳는 거위를 갖는 아파트 청약과 다를 게 없었다.

2020년 상장된 SK바이오팜, 카카오게임즈, 빅히트엔터테인먼트의 공모주에 대한 일반 투자자의 청약증거금은 각각 31조 원,

---

* 지렛대를 의미하는 영어 단어에서 유래했다. 실제 가격변동률보다 몇 배 많은 투자 수익률이 발생하는 현상을 뜻한다. 다만 이 효과가 발생하려면 투자액의 일부를 부채로 충당해야 한다. 수익 증대를 위해 차입 자본, 즉 '부채'를 이용해 자산 매입을 하는 것을 의미한다.

58.6조 원, 58.4조 원에 이르렀다. 이루다(3039.6:1), 영림원소프트랩(2493.0:1) 등 33개 회사의 공모주 청약 경쟁률이 1000:1 이상을 기록했다. 이제는 직업과 나이를 뛰어넘어 주식을 하지 않는 사람을 찾아보기가 어려워졌다.

우리나라 주식 시장에서 이렇게 개인 투자자들의 영향력이 커진 것은 지금까지 경험해 보지 못한 기분 좋은 사건임이 분명하다. 주식 시장에서 개인 투자자들의 층이 두텁게 형성되는 것은 무척 바람직한 일이다. 물론 그 과정에서 여러 가지 부작용이 나타날 수는 있겠지만 '증권 자본주의(citizen's capitalism)'의 완성을 향해 다가간다는 의미는 상당하다고 생각한다.

그래서 이제 우리나라 주식 시장은 2020년을 기점으로 동학 개미의 출현 전과 출현 후로 나뉠 것이 분명하다. 아무쪼록 이런 개인 투자자들이 우리 주식 시장의 굳건한 투자 주체로 자리 잡기를 바란다.

전설의 백 할머니도 궁금해했던 '3분 뒤'

주식 투자가 뭔지 모르는 사람은 거의 없다. 그래, 주식을 사서 차익으로 돈을 버는 것이다. 그 정도는 누구나 알고 시작한다. 그런데 많은 사람들이 그 이상은 알려고 하지 않는다. 왜냐하면 주식을 싸게 사서 비싸게 팔면 되기 때문이다. 그래서 대박 종목을 찾기 시작한다. 내일부터 폭등하는 대박 종목을 알려준다는 직업까지 생긴 지 오래다. 와! 쉽다. 돈 벌기 아주 쉽다. 돈을 좀 들이더라도 내일 대박 날 종목을 유료로 추천받아서 사기만 하면 된다. 역시 돈을 벌려면 기본적인 비용 투자가 필요하다. 이게 투자의 전부라면 이렇게 쉬운 주식 투자를 왜 실패하냐는 의문이 남는다.

정말 그럴까? 나는 세상에서 제일 어려운 것 중 하나가 주식이라고 믿는 사람이다. 증권 업계에 긴 시간 몸담고 있었지만, 시간이 지날수록 주식 투자가 점점 더 어려운 것이라는 생각이 커졌다.

주식 투자를 한마디로 요약하면 '불확실한 미래에 대한 최대한의 예측 추구 활동'으로 정의할 수 있다. 미래를 아는 사람은 없다. 공상 영화처럼 미래에서 살다 왔으면 좋으련만, 그런 일은 일어나지 않는다. 증권 업계의 초기 큰손으로 한 시대를 풍미했던 '백 할머니'라는 분이 있다. 본명은 백희엽 씨인데, 당시엔 백 할머니가 어떤 종목을 사느냐가 지금으로 치면 외국인들이 뭘 사느냐 만큼 중요한 정보였고 그 종목을 따라 사는 사람이 많았다. 나는 아주 운이 좋게도 이 백 할머니의 계좌 관리자였다. 워낙 감이 뛰어나신 분이라 따로 종목을 권해드리는 것 같은 일은 할 필요가 없었다. 주문을 대신 접수해 드린다든지(당시는 주문표를 수기로 작성해서 주문대에 접수하는 방법을 사용하던 시절이다), 계좌 업무 관리를 도와드리는 정도가 전부였다. 당시 '큰손'으로 불렸던 VIP 고객들은 내가 근무하던 비서실에서 따로 관리하는 시스템이었다. 그때 당시 내 나이가 막내 아들뻘이니까 할머니도 예뻐하셨고, 나도 어머니 대하듯 했다.

어느 날 할머니께서 이런 말씀을 하셨다. "한 비서! 난 딱 3분만 먼저 알았으면 참 좋겠다." 그렇다. 당시 최고의 투자자도 미래는 모른다. 그렇게 알 수 없는 미래를 놓고 최대한의 예측 추구라니? 그래 최대한으로 해보는 거다. 그 최대한은 어디까지일까? 뭘 어떻게 하면 최대한이 될까? 주식 투자를 해서 돈을 벌었다는 지인을 열심히 따라다녀서 좋은 종목을 하나 받아서 투자할까, 아니면 돈을 내면 바로 오르는 종목을 알려줘서 연간 수백 퍼센트의 수익을 냈다고 광고하는 사람을 찾아갈까…. 많은 초보 투자자들은 이런 헛발질 과정을 경험하게 된다. 돈 잃고 마음 상하고 심지어는 건강까지 망치는 경우도 있다.

그리고는 다짐한다. "내가 다시 주식 하면 성을 간다.", "주식 시장은 쳐다보지도 않겠다." 그런데 주식 시장이 폭등한단다. 만나는 사람마다 온통 주식 얘기다. 직장에서도, 친구를 만나도 다들 주식으로 돈 번 얘기뿐이다. 상황이 이쯤 되면 얘기는 또 달라진다. "이번엔 지난번의 실수를 거울삼아 제대로 주식 투자를 한번 해보자." 지난번 실수가 뭔지도 모르면서 이번에는 실수를 안 한단다. 그리고는 똑같은 실수를 반복한다.

일단 최근 주식으로 돈 좀 벌었다는 친구에게 묻는다. "야, 요즘 뭘 사야 먹냐?" 시장의 관점에서 보면 이런 호구가 또 없다. 처음부터 잘못 가고 있다. 주식 투자가 불확실한 미래에 대한 최대한의 예측 추구 활동이라며? 그런데 최대한의 예측 추구가 '대박 종목 찾기'가 되어버렸다. 주식 투자에서 아주 중요한 성공 요소는 '종목 선정'과 '매매 운용 방법'이다. 그런 점에서 본다면 대박 종목을 찾아다니는 것도 이해는 간다. 그러나 종목은 반드시 본인이 정해야 한다. 물론 주위의 도움을 받을 수는 있지만, 그 종목을 그대로 'ctrl+c', 'ctrl+v' 해서는 안 된다.

종목 선정할 때 사용할 수 있는 간단한 자문법이 있다. 하나는 '이 종목이 지금 돈을 벌고 있는가?' 그다음으로는 '앞으로도 계속해서 돈을 벌 수 있는가?'이다. 이 2가지 질문에 모두 '그렇다'라는 답을 얻으면 그 종목은 투자 대상 중 하나가 될 수 있다. 이 2가지 질문

중 하나가 신통치 않으면 조심성 있는 접근이 필요할 것이다. 또한 투자 대상 종목에 대해서 많이 알면 알수록 유리하다. 예전에는 정보 접근에 상당한 노력이 필요했지만, 요즘은 클릭 몇 번으로 아주 많은 정보를 비교적 쉽게 가질 수 있다.

다음으로는 자신의 기대 수익을 한번 따져 보자. 이 종목 하나로 대박을 치겠다고 생각하는지 아니면 연수익률을 얼마까지 기대하는지. 미래 가치를 자신의 기대 수익률로 할인해서 현재의 시장가격과 대비하는 것이 투자 결정의 중요한 과정이다. 그러니 기대 수익이 높으면 높을수록 위험을 많이 안을 수밖에 없는 것이다. 그렇게 해서 투자 종목이 결정되면 대상 종목과 자산과의 관계 설정이 이루어져야 한다. 관계 설정이 대단한 것처럼 들리지만, 사실 아주 간단하다. 이 종목을 선택하고 얼마간 동행하다 놓아줄 수 있는지, 그것이 정해져야 한다는 뜻이다. 이것은 또 다른 축인 '매매 운용 방법'에도 많은 영향을 준다.

매매 운용을 잘하기 위해서는 시장의 호흡을 느껴야 한다. 과연 시장의 호흡은 어떻게 느낄 수 있을까? 단순히 보이는 것만 봐서는 느낄 수 없다. 많은 경험과 시행착오를 통해 알 수 있기는 하다. 그렇지만 어느 세월에 많은 경험과 시행착오를 한단 말인가. 다행히도 요즘은 나 같은 사람들이 유튜브를 통해 본인의 경험을 나눠 주고 있어서 그것도 손품만 팔면 어렵지 않게 보강할 수 있다.

유념해야 할 것은, 주식 투자는 벼락부자를 만드는 게임이 아니라는 사실이다. 주식은 각자가 정한 계획대로 투자하며 재산을 불려가는 건강한 것이라는 생각을 가질수록 투자의 성공에 바짝 다가설 수 있다. 욕심이 없는 사람은 없겠지만, 절제를 통해서 무리한 욕심을 버리고 작은 수익에도 감사하는 마음이 시장과의 멘탈 싸움에서 이기는 비결이다. 주식 투자에서 멘탈이 한번 무너지면 아무리 당대 최고의 종목을 가지고 있더라도 손해를 볼 수 있는 곳이 주식 시장이다. 그 가운데는 '탐욕과 미련'이 있다.

투기가 아닌 투자를 위한 목표 설정법

'친구 따라 강남 간다.'라는 말이 있다. 요즘 주식 시장에는 이런 분들을 많이 볼 수 있다. 요즘 어디를 가도 주식 얘기를 하는데 어울리지 못하면 저기 안드로메다에 사는 사람 취급을 받는단다. 이렇게 동학 개미 원년인 2020년, 엄청나게 많은 주린이들이 탄생했다. 특히 부동산 시장에서 더는 원하는 자산을 만들기가 어렵게 되었다고 판단한 젊은이들은 해외 주식에도 투자하는 이른바 서학 개미이면서 동학 개미를 겸하는 부지런함을 보이고 있다. 스마트 개미라는 별칭답게 나름대로 여러 가지 자료들도 찾아보고, 특히 인터넷을 통해 거의 실시간으로 정보를 접하고 있다. 확실히 과거에 비해 개인 투자자들의 약점이었던 정보의 비대칭성은 많이 줄었다는 생각이다.

그러나 아직도 변하지 않은 것은 각자의 '투자 목표'가 확실하지 않다는 것이다. 막연하게 주식으로 돈을 많이 벌어야겠다는 추상적 개념이 아닌, 보다 구체적인 목표가 필요하다. 돈을 많이 버는 것을 마다할 사람이야 없겠지만, 간혹 주식으로 대박을 내서 인생역전을 꿈꾸며 시장에 진입하는 사람이 있다. 그런데 이렇게 주식 투자를 하면 그냥 주식 투자를 하는 개미는 될지 모르지만, 주식 투자에 성공하기는 어려워진다.

종잣돈 단돈 몇백만 원을 가지고 수백억을 벌었다는 슈퍼개미 스토리를 듣고 나면 나도 이런 성공담의 주인공이 되고 싶다. 되고 싶다고 될 수 있을까? 그리고 이걸 주식 투자의 성공이라고 말할 수 있을까? 사람마다 각자의 성향이 다르고 투자하는 자금의 성격도 다르고 목표도 다르다. 모두 다른 사람들이 모여 있는 곳이 시장이다. 당연히 각자의 처지에 따라 투자 방법도 다를 수밖에 없다. 그냥 무조건 돈을 많이 벌었으면 좋겠다는 생각만 갖고 있다면, 투자가 아니라 홀짝 게임, 일종의 투기라고 생각하는 것과 다를 바가 없다.

직장인이면서 주식 투자를 통해 자산을 늘려 보려고 생각하는 사람도 있고, 은퇴 후 일정 금액을 유지하면서 매달 생활비를 벌어야 하는 생계형 투자자도 있고, 시간이 없어서 주식 시장을 자주 확인하기가 어려운 사람, 시간은 많은데 투자금이 적은 사람 등등 셀 수 없는 많은 사연과 상황이 있다. 그러니 일률적으로 주식 투자를 이렇게 해야 한다고 말하는 것은 틀릴 수밖에 없다. 초보 투자자가 반드시 기억해야 할 하나는 주식 투자는 상대평가가 아니라 '절대평가'라는 것이다. 그러니 누가 주식 투자를 해서 얼마를 벌고 누가 일확천금을 얻어 벼락부자가 됐느냐는 나와는 관계없는 일이다.

직장인인 초보 투자자들에겐 가능하면 투자 자금의 규모를 연봉 수준을 넘겨서 운용하지 말라고 조언한다. 물론 투자가 성공적이라면 투자금이 크면 클수록 좋다. 그러나 주식 투자는 성공을 보장하는 안전 자산이 아니라, 말 그대로 '위험 자산'이라는 것을 분명히 기억하자. 시간이 많아서 자주 주식 시장을 확인하고 바로바로 매매가 가능한 경우가 아니라면, 단기적으로 올라간다는 시장 정보보다는 기업의 실제 가치가 지속적으로 상승할 수 있는 일명 '우량주'를 선택하는 것이 좋다. 주식은 하고 싶은데 돈이 많지 않다면 먼저 종잣돈을 만들어야 한다. 부동산은 어느 정도 목돈이 있어야 시작하지만, 주식 투자는 반드시 그렇지는 않다. 정 여유가 없으면 매달 적금처럼 주식을 사서 모아가는 방법도 있다.

단골 주제인 단기 투자와 중장기 투자의 유효성 논쟁은 사실 의미가 없다. 어느 정도 경험이 쌓이면 단기 투자와 중장기 투자를 적절히 병행할 수 있는 눈이 생긴다. 하지만 여러분이 초보라면 단기 투자는 가능하면 피하기를 권하고 싶다. 아무래도 단기 투자는 그만큼 많은 위험성을 가져갈 수밖에 없다. 최근에는 빚을 내서 투자하는 일명 '빚투'에 대해서 여러 언론에서 우려한다. 빚투가 꼭 나쁜 것만은 아니라는 것이 내 생각이다. 자산 투자에서 레버리지의 위험성이 증대되는 것이 반드시 나쁘다고 말할 수는 없다. 다만 감당할 수 없을 만큼의 레버리지는 초보 투자자에게는 성공 확률이 떨어진다는 조언은 해주고 싶다.

사실 요즘 젊은이들이 신용 매수가 위험하다는 것을 모르는 게 아니라고 생각한다. 그들이 그렇게까지 할 수밖에 없게 만든 우리 사회의 책임은 없을까? 젊은이들이여, 신용 거래고 뭐고 다 좋은데, 반드시 감당할 수 있는 만큼만 하시라. 꼭 빚을 내지 않더라도 주식 투자는 각자 본인이 감당할 수 있는 만큼만 하는 것이다.

개미가 당하는 이유

투자의 경험이 쌓일수록 뭔가 남이 모르는 특별한 주식 시장에 대해 알고 싶다는 궁금증이 생긴다. 그것을 알면 마치 다른 사람은 모르는 오묘한 시장의 생리를 나만 파악하고 있다는 착각에 빠지게 된다. 이를 이용한 대표적인 작전이 이른바 '개미 털기'이다.

개미 털기란 시장에서 흔하게 사용하는 은어다. 작전 세력이 시가총액이 작은 소형주의 주가를 본격적으로 끌어올리기 전에 개미들이 공포에 팔게 하려고 의도적으로 주가를 급락시켜 개미들 물량을 확보한다. 그 이후 다시 주가를 끌어올려 잘못 팔았다고 생각한 개미들이 다시 돌아와 매수에 따라붙게 만든다. 이처럼 작전 세력이 물량 조정을 통해 주가를 폭등시켜 개미들이 털고 나가게 만드는 것을 '개미 털기'라고 한다.

이 과정에서 작전 세력은 출처를 확인할 수 없는 찌라시 등을 통해 이런 주가 하락과 폭등을 유도한다. 몇 년 전까지만 해도 시가총액이 작은 종목을 대상으로 이런 작전 행위들이 일어나고 있었던 것도 사실이고, 감독기관에 의해 적발되어서 아직도 교도소에 있는 사람들이 적지 않다.

물론 그런 종목에 휘말린 투자자들은 큰 손해를 볼 수밖에 없다. 그런데 작년부터 유입된 동학 개미들의 특징은 바로 이 작전이 잘 안 통한다는 것이다. 우선 새롭게 등장한 스마트 개미는 한국을 대표하는 기업에 주로 투자한다. 그러다 보니 시가총액이 작거나, 기업 내용이 한계기업에 가까운 종목은 거들떠보지도 않는다.

물론 아직도 귀동냥을 통해서 대박 종목을 찾으려고 헤매는 개미가 전혀 없는 것은 아니다. 소위 '리딩방'에 돈을 내고 받은 종목을 무턱대고 샀다가 손해를 입고 나에게 해결 방안을 물어 오는 경우가 제법 있다. 사실 이런 상황에는 별로 해줄 말이 없다. 생각해 보시라, 그게 그렇게 대박이 날 종목이면 자기가 투자해서 돈을 벌지, 왜 돈 몇 푼 받고 그 종목을 공유하느냐 말이다.

내 유튜브 채널인 '백만개미' 영상 댓글에 이런 글들이 가끔 올라온다. 지금 기관과 외국인이 개미들을 털려고 주식을 때린다(판다)는 것이다. 그러면서 은근히 내 동의를 구하는 눈치다. 그럴 땐 미안하지만 댓글을 지워버린다. 세상이 바뀌면 생각도 바꿔야 한다.

기관이나 외국인은 개미 털기를 하지 않는다. 더 정확히 얘기하면 개미 털기를 할 만큼 한가하지도 않고 관심도 없다. 나도 현역 시절에 자산 운용을 해 봤지만, 그럴 시간도 관심도 없었다. 더구나 엄청난 규모의 시가총액을 가진 종목을 대상으로 개미를 털다니 상상이 빗나가도 한참 빗나갔다.

기관이나 외국인 투자자들은 여러 가지 파생 상품과 연계한 투자 구성을 하기 때문에 개인 투자자들처럼 단순히 한 방향의 투자만 하지 않는다. 여러 가지 위험 회피 수단을 동원한 상품 구성을 한다. 그러니 우리가 주식 투자를 할 때, 우리의 주적은 외국인이나 기관이 아니다. 종국에 개인들이 망하는 이유는 이와 같이 시장을 자신의 편의대로 규정하고, 평가하고 급기야 그대로 행동하기 때문이다. 주식 투자의 적은 비단 기관이나 외국인뿐만 아니라 내가 아닌 모든 사람이다. 개인이 주식 투자에 실패하는 이유는 자신이 개인이라는 사실을 잊는 것에서 출발한다.

시장에서 내가 아닌 모든 다른 주체는 나와 경쟁자일 뿐이다. 이 냉혹한 사실을 부정하고 자꾸 감성을 개입시킨다. 주식 투자는 이성으로 하는 것이지 감성으로 하는 것이 아니다. 개인이라고 모두 내 편일 수 없고, 외국인이라고 모두 내 적일 수는 없다. 시장을 있는 그대로 보자. 자꾸 여기에 감정을 대입시키면 이상한 소설을 쓰게 된다. 이 소설은 본인의 투자를 망치고 한마디로 또라이를 만든다.

개미 털기 운운할 시간이 있으면 '네이버 금융'에 매일 수도 없이 쏟아져 나오는 각 증권사 애널리스트들의 분석자료를 보시라. 그 자료들은 심지어 공짜다. 그런 공부는 게을리하면서 개미 털기 운

운한다면, 투자 결과는 보나 마나 필패다. 아는 것이 돈이다. 시장은
아는 만큼 보인다. 모르는 개미가 늘 당한다.

투자도 과학이다

"침대는 가구가 아닙니다. 침대는 과학입니다." 공전의 히트를 친 어떤 침대 회사의 광고 카피다. 침대가 과학이라는 주장까지는 그렇다손 치더라도, 침대는 가구가 아니라는 데서 문제가 생겼다. 한 초등학생이 시험 도중 '다음 중 가구가 아닌 것을 고르시오.'라는 문제에 덜컥 침대를 답으로 고른 것이다. 아마 이 어린 친구는 함부로 TV에 나오는 말을 믿어서는 안 된다는 교훈을 얻었을 것이다.

그러면 주식 투자는 얼마나 과학적일까. 주식 성공에는 운이 따라야 한다는 사람들이 많다. 그래서 아무리 애를 써봐야 다 소용없고 운이 따라야 돈을 벌 수 있다고 말한다. 여러분들은 어떻게 생각하시는지? 요즘은 운도 실력이라고 말한다. 소위 말하는 '빽'도 실력이라고 한다. 부모 찬스도 실력이라는 것이다. 자조 섞인 실망의 표현이기도 하지만 묘한 설득력이 있다. 운이 좋은 사람은 땅바닥에 지팡이를 꽂아놔도 거기에서 과일이 열린다는 말까지 있으니 운이 중요하긴 중요한가 보다.

군 복무를 할 당시 공수 훈련을 받은 적이 있었다. 물론 공수부대로 입대한 것이 아니니까 당연히 위탁 교육을 받았다. 그 훈련은 훈련복에 훈련병을 지칭하는 숫자만 붙어 있고 군대에서 중요한 계급장은 그 어디에도 없었다. 그러니 조교들도 마음 놓고 뺑뺑이를 돌린다. 어떻게 해서든지 요령을 부리려고 하면 이렇게 말한다. "장군의 낙하산이 반드시 펴진다는 보장이 없다. 그러니 FM대로 훈련하라. 이 고된 훈련이 당신의 목숨을 구한다." 맞는 말이다.

주식 시장에서도 마찬가지로 반드시 부자가 돈을 번다는 보장이 없다. 가방끈이 긴 사람이 반드시 돈을 더 잘 번다는 보장도 역시 없다. 그러면 정말 운이 좋은 사람이 주식으로 돈을 번다는 말인가? 천만의 말씀이다. 주식 시장처럼 공평한 곳이 없다. 간혹 외국인 투자자나 기관들의 물량 공세에 져서 손해 봤다는 사람이 있지만, 그조차 우리가 파악해야 할 중요한 요소일 뿐이다.

주식 투자는 불확실한 미래에 대한 최대한의 예측 추구 활동이라고들 한다. 이 말에 답이 있다. 미래에 영향을 줄 수 있는 많은 요소들을 시시때때로 꼼꼼하게 점검하고 분석해야지만 미래를 예측할 수 있다. 그래서 주식 투자는 과학이다. 그런데 그 미래의 답은 항상 3가지이다. 오르거나 떨어지거나 아니면 그냥 그대로 있거나.

내가 만났던 한 고객은 주식에서의 운을 상당히 믿고 있었다. 그는 늘 주식 투자의 결과가 오르지 않으면 떨어지는 것이라 믿었고 결국 모든 게 운칠기삼이라는 말을 달고 다녔다. 그럼 운은 그렇다고 치고 기술에서의 나머지 3은 무엇일까. 그는 이 기술이 정보 습득이라고 믿고 있었다. 그러다가 주변에 있는 사람의 부추김으로 샀던 종목에서 낭패를 보면 늘 이렇게 말했다. "내가 그 부추김을 듣지 말았어야 했는데… 운이 없어서 그 종목을 사는 바람에 손해를 봤다." 운 타령도 이쯤되면 그분은 정말 운이라곤 하나도 없는 사람이었나 보다.

주식은 미래를 사는 것이다. 당연히 해당 기업의 현재 상태는 물론이고 미래의 가치 변화에 대해서도 깊은 탐구가 필요하다. 다행히 요즘은 이러한 자료들이 많아 조금만 노력하면 큰 수고 없이도 그것들을 파악할 수 있다. 미래 세상의 변화에 대해서도 늘 관심을 가져야 한다. 정치, 경제, 사회 그 어떤 것도 시장에 영향을 미치지 않는 것이 없다. 늘 새로운 것을 받아들이는 것을 즐거워해야 한다. 그리고 그것들을 정리해서 나름대로의 기준으로 정량화하는 습관이 필요하다.

아! 무슨 주식 투자를 이렇게까지 어렵게 하나? 이런 것들이 귀찮으면 운에 맡기면 된다. 그 결과는 아무도 장담할 수 없지만 말이다. 돈을 버는 쉬운 길은 원래 없다. 주식 시장에도 공짜는 없다.

주식 투자는 운이 아니다. 주식 투자도 과학이다.

시장의 흐름에 따른 매매 타이밍

주식 투자에 성공하려면 어떻게 해야 할까? 쌀 때 사서 비쌀 때 팔면 된다. 아주 간단하지만, 이것이 주식 투자의 전부이기 때문에 어렵다. 이렇게 원칙이 간단하면 간단할수록 실전에서는 여러 가지 변수가 많아서 이 원칙대로 하기가 힘들어진다. 자신은 잘해보겠다고 한 것인데 결과를 보면 아주 멍청한 짓이었다는 사실에 낙담한다. 도대체 언제가 쌀 때고 언제가 비쌀 때란 말인가? 하나 마나 한 소리다. 그런데 이 하나 마나 한 과제를 들고 오늘도 시장에선 많은 투자자들이 머리를 싸매고 고민하고 있다. 주식 시장은 여러 가지 상황 변화에 영향을 받는다. 시장 전체의 수급 관계나 변화무쌍한 경제 산업 환경의 변화, 그리고 개별 종목이 안고 있는 여러 재료에 따라서 시장은 늘 움직인다. 그러다 보니 딱히 무엇이 쌀 때 사서 비쌀 때 파는 방법이라고 단정해서 결론 내리기가 어렵다.

주식을 언제 사고 또 언제 팔아야 하는가를 정확히 말해줄 수 있다면 얼마나 좋을까? 불행하게도 아직 완벽한 매매 타이밍을 잡는 방법은 없다. 그렇지만 우리가 조금만 관심을 가지고 시장을 보면 전혀 눈치채지 못할 정도는 아니다. 그래서 완벽하지는 않지만, 내 오랜 경험을 통해서 본 매수, 매도 타이밍 잡기에 대해 정리를 해보고자 한다. 나도 현직 시절 시장 안에서 많은 성공과 가슴 아픈 실패를 경험했다. 그러한 경험을 바탕으로 터득한 주식을 사고파는 나름의 방법들이다. 완벽할 수는 없어도 시장의 숨결을 따라 매매하는 필살기가 될 수 있다고 생각한다.

　일반적으로 매수보다 매도가 더 어렵다고들 한다. 사실은 둘 다 어렵기는 마찬가지다. 우리가 매도가 더 어렵다고 느끼는 것은 주식을 매수해 놓고 매도하지 않는 한, 그것은 평가상의 손익일 뿐이지 진짜 수익이나 손실을 결정하지 않기 때문이다. 그래서 주가가 한창 올랐을 때 조금 더 수익을 얻으려고 망설이며 팔지 못하다가 다시 주가가 떨어져서 소위 '꿈속에 갈비 뜯는다.' 같은 경험을 많이들 한다. 이러니 일반적으로 매도가 더 어렵다고 느끼게 된다. 그러나 사실 중요하긴 매수나 매도나 마찬가지이다. 공매도나 선물·옵션 등 파생 상품을 통해 특정한 하방의 방향성을 매수하는 경우를 제외하곤 주식 투자의 시작은 매수로부터 시작된다. 그렇기에 첫 단추인 매수가 잘못되어서 원치 않게 길게 보유하며 버티는, 소위 말하는 '존버'는 정말이지 끔찍하다.
　여기서는 이제 막 주식 투자를 시작했거나 경험이 길지 않은 소위 주린이를 위해 아주 쉽게 정리해 보고자 한다. 먼저, 매매 타이밍보다 중요한 것이 있다. 어떤 종목을 살 것인가를 정하는 일이다. 대부분의 초보 투자자들은 매매 타이밍을 잘못 잡아서 손해가 난 줄 알지만, 사실은 애초에 사지 말았어야 할 종목을 산 경우가 더 많다. 매수에 앞서 우선 내가 사고자 하는 종목에 대해 기본적 점검을 할 필요가 있다.

어떻게 점검하느냐? 2가지 질문에 대한 답을 해 보면 된다. 기업이 '돈은 잘 벌고 있는가?' '앞으로도 잘 벌 수 있는가?' 정말 간단하다. 하지만 이 평범하고도 단순한 질문에 대한 답을 얻으려면 상당한 노력이 필요하다. 우선 기본적인 기업의 재무제표 정도는 볼 줄 알아야 한다. 아주 전문적인 분석이 아니더라도 영업 실적이 어떤지 그리고 영업 이익은 늘고 있는지 아니면 줄고 있는지. 요즘은 기업 공시사이트는 물론이고 여러 사이트에서 이러한 정보를 어렵지 않게 접할 수 있다. 숫자가 많아도 별거 아니니 자꾸 접촉하다 보면 그리 어려운 일이 아님을 알 수 있다.

이 두 질문을 우리는 '수익성'과 '성장성'이라는 멋있는 말로 대신하곤 한다. 이 2가지 요소 중 지금은 돈을 잘 버는데 앞으로 잘 벌 수 있는지는 다소 불투명한 기업도 있고, 지금은 돈을 잘 벌고 있지 않지만, 앞으로는 괄목할 만한 속도로 돈을 벌 수 있을 것 같은, 즉 성장성이 무척 뛰어난 기업도 있을 것이다. 앞의 2가지 질문에 모두 긍정적인 기업은 1차적인 매수 대상 기업이 된다. 또 2가지 중 하나가 부족하다면 시장의 흐름에 부합하는가에 따라 결정을 해야 한다. 특히 바이오나 K-뉴딜과 같이 어떤 특별한 분야의 정책적 성장 지원 이슈가 발표되는 경우, 해당하는 기업들도 성장성을 보고 그간 주가 흐름을 분석해서 매수 대상으로 정할 수 있을 것이다.

오랜 경험에 비추어 봤을 때 앞의 2가지를 모두 갖춘 종목에 투자하는 경우에 비교적 큰 어려움 없이 주가 상승을 기대할 수 있다. 하지만 이렇듯 수익성과 성장성을 모두 갖추고 있는 기업의 경우, 이미 주가가 상당히 오른 경우가 많다. 주식 시장에서 그런 기업의 주식을 가만히 내버려 두었을 리가 없다. 그래서 필요한 것이 '기술적 분석'이다. 기술적 분석을 통해 해당 종목의 그동안의 주가 변동 궤적이나 주가 흐름의 추이를 감안하여 매수 결정을 내려야 한다.

이렇듯 기술적 분석은 매매 타이밍을 잡는 데 상당한 효과가 있으므로 몇 가지의 기술적 분석은 알아둘 필요가 있다. 이 분석들을 참고하는 데에도 요령은 있다. 단기 투자에서는 일봉을 주로 많이 참고하지만, 중장기 투자에서 주봉의 흐름을 참고하는 것이 더 효과적이라는 생각이다. 그래야 보다 더 긴 호흡으로 시장을 볼 수 있기 때문이다.

해당 기업의 주가 추이가 골든 크로스(부록 260쪽 참고) 이후, 이동평균선 간의 정배열 형태가 나타난다면 좋은 매수 시점으로 봐도 좋다. 그런데 이러한 종목들은 비교적 긴 시간 동안 주가가 오르지 않아 다소 기다려야 한다는 어려움이 있을 수 있다. 그러나 이러한 두

조건에 맞지도 않고 그냥 주변에서 귀동냥으로 듣고 매수하는 종목보다는 더 좋은 투자 결과를 가져다주곤 한다. 시장의 유동성이 넘쳐서 만들어지는 수요 초과 형태의 시장에선 주로 성장성이 높은 기업이 더 각광받고, 시장의 유동성이 줄어드는 상황에선 기업의 수익성에 더 많은 무게를 두는 경향이 있다.

그다음으로 정해야 할 것이 투자 기간이다. 단기 투자를 할 것인지, 아니면 중장기 투자를 할 것인지를 결정해야 매매 타이밍을 정할 수 있다. 아무래도 단기 투자는 여러 가지 이슈를 따져 보지 않을 수 없다. 물론 여기에서도 재무 상태 등이 나쁜 한계기업은 처음부터 고려 대상에서 제외해야 한다. 새로운 정책 이슈도 그중 하나다. 또 계절적인 상승을 보이는 종목들도 있다. 여름 폭염을 앞둔 봄부터 냉방기기나 빙과류 관련 주식들이 움직임을 보인다. 여름의 긴 장마 이후에는 농작물 전염병에 따른 농약 업체가 움직인다. 황사, 구제역, 육계 등 계절적 요인을 따져서 매매 타이밍을 잡는 것도 매년 반복되지만 꽤 효과가 있는 투자 방법이다. 일반적으로 1월에서 3월까지의 연초의 시장은 그리 화려하지 않다. 4월쯤부터 시장은 상승을 보이곤 한다. 이런 계절적 요인도 잘 활용하면 좋은 투자 성과를 얻을 수가 있다.

중장기 투자는 조금 결이 다르다. 특히 시장에 닥친 큰 충격 이후에 시장의 흐름이 바뀌는 경우가 많다. 이런 경우에 미래 지향적 사업을 영위하는 기업 중 현재의 실적도 좋고 미래의 성장성이 돋보인다면 긴 호흡으로 매수에 들어가도 된다. 이런 중장기 투자는 매매 타이밍보다는 산업이나 기업분석에 더 많은 관심을 두어야 한다. 2020년에서 2021년으로 넘어오면서 주식 시장의 흐름이 많이 바뀌고 있다. 투자에서는 세상의 흐름이 바뀌는지를 파악하는 것이 무엇보다 중요하다.

이제부터 그 중요하다는 매도 타이밍에 관한 얘기를 해보자. 좋은 주식을 사서 수십 년간 모아가면 엄청난 부자가 될 수 있다고 얘기하는 사람들이 있다. 심지어는 집도 사지 말고 차도 사지 말고 커피값마저 아껴서 주식을 사야 한다는 사람도 있다. 맞는 얘기지만 아닐 수도 있다. 어떤 종목을 사서 모으느냐에 따라 거지가 될 수도 있다. 그래서 성공의 증거로 삼성전자를 사모아서 부자가 된 사람들이 언론이나 유튜브에 소환되기도 한다. 좋은 일이다. 그러나 각자의 삶에 대한 가치관이 다르니 집도 차도 사지 않고 주식만 모아서 나중에 큰 부자가 되는 것을 꿈꾸는 게 꼭 주식 투자의 목표가 될 수는 없을 것이다. 여러분 각자의 뜻대로 하시라.

왜 이 얘기를 하느냐, 오랫동안을 주식을 모아가려고 하는 분들에게는 매도 타이밍이 의미가 없기 때문이다. 그러나 보통의 투자자들에겐 이것은 매우 중요한 결정 사항이 된다. 그동안 내 경험에 따르면 매도 시점의 경우는 기술적 분석에 많이 의존하게 되고 그 결과가 정확한 상투는 아니더라도 아쉬운 가운데 수익을 챙기는 방법이기도 하다. 예를 들어 대규모의 거래량이 수반되면서 긴 음봉이 만들어지면 단기적인 매도를 고려해야 한다. 악재가 나타났거나 상당한 이익 실현 물량이 쏟아진 것으로 봐야 한다. 또한 시장 전체의 수급상 수요가 줄어드는 모습을 나타내도 매도를 고려해야 한다. 고객예탁금의 정체나 감소, 신용 융자 잔고의 급격한 증가가 그 전조 현상이다.

물론 이런 현상이 있다고 해서 바로 주가가 하락하지 않을 때도 있다. 그것은 주식 시장에도 관성이 작용하기 때문이다. 그렇지만 그러한 전조 현상을 포착했다면, 나름대로 매도 전략을 세울 필요가 있다. 자신이 생각하고 있는 기대 수익을 초과하여 시장이 관성을 자랑할 때는 이러한 매도 전략이 잘 들어맞기도 한다. 정해 놓은 기대 수익을 초과할 때마다 일정량만큼을 현금화하는 '분할 매도 전략'이다. 그 방법은 각자의 투자 성향에 따라 다르게 결정할 수 있다. 비록 주가가 더 상승해서 끝까지 이익을 가져가지 못한 게 아쉬울 수는 있겠지만, 주식 투자에서 성공하는 비결 중 하나는 '절제와 감사'이다. 그래서 주식은 '무릎에 사서 어깨에 파는 것'이 참 맞는 말이다.

📈 창의성, 주식에서도 좋을까?

'창의성'을 사전에서 찾아보면 '새로운 것을 생각해내는 특성'이라고 정의하고 있다. 창의성 하면 떠오르는 발명왕 '토머스 에디슨'은 창의성은 99%의 노력과 1%의 천재성으로 만들어진다고 얘기했다.

그럼 주식 시장에서의 창의성은 무엇일까? 주식 시장에서 아무리 창의성을 발휘해 보았자 그 창의성이 성공투자로 이어지지 못하면 바보짓이 되고 만다. 노력의 중요성은 그 어떤 부문이라도 아무리 강조해도 지나침이 없지만, 주식 투자에서만큼은 그 결과가 신통치 않으면 아무 의미가 없다. 결과적으로 손해를 보면 손해를 보기 위해서 열심히 노력한 꼴이 된다.

적지 않은 사람들이 일반적인 생각을 완전히 뒤엎는 역발상을 해야만 주식 투자를 성공할 수 있다고 말한다. 그래서 '남들이 가지 않는 뒷길에 꽃길이 있다.' 같은 증시 격언도 있다. 그런데 정말 시장 참여자들 대부분이 가는 길이 아닌, 뒷길을 택해야 성공투자를 이룰 수 있을까? 내 경험으론 오히려 남들이 다 가는 길을 버리고 다른 길을 택하면 위험성이 증대되는 경우가 더 많았다. 이 이야기는 투자에서 새로운 창의성의 발휘도 일정 부분 필요하다는 얘기 정도로 받아들이시라.

주식 시장에서의 창의성은 방향이 아닌 방법에 있다는 게 내 생각이다. 우리가 창의성을 발휘하지 못하는 큰 이유 중 하나가 너무 많은 지식과 정보 때문이라고 생각한다. 예전과 달리 요즘은 너무 많은 정보 더미 속에 묻혀 있다. 어떻게 하면 주식으로 돈을 벌 수 있는지를 말해 주는 서적도 수천 권 나와 있다. 매일 방송, 유튜브 등 여러 매체를 통해 시장 분석과 투자 전략들이 차고 넘치게 쏟아진다. 때론 이런 것까지 알아야 하나 싶을 정도로 필요 이상의 수준 높은 자료들도 많다. 결국은 이런 필요 없는 자료를 매일 매일 대하지 않으면 불안해하는 중독 증상마저 생겨난다.

창의성을 발휘하지 못하는 또 다른 이유는 너무 과거의 틀에 갇혀 있기 때문이다. 이렇게 되면 문제 해결에 있어서 기계화, 경직화, 고착화 현상을 보일 수밖에 없다. 누차 강조했듯이 주식 시장은 미래를 사는 곳인데, 투자자가 과거의 틀 안에 갇혀 있다면 과연 성공할 수 있을까? 시장이 흘러가는 방향은 무시하면서 자꾸만 다른 방향에서 답을 찾으려고 한다. 주식 시장에서 창의성을 발휘하려면 가장 먼저 지금의 시장 흐름을 파악하는 것에서부터 출발해야 한다. 지금 시장의 흐름을 열심히 파악하자. 그런 다음에 그 복잡한 일들을 최대한으로 간결하게 정리해 보자. 많은 투자자들이 그들이 습득한 정보로 인해 생각이 점점 더 복잡해진다. 주식 투자에서 창의성이란 복잡한 것을 최대한 간단명료하게 만드는 것이다.

생각이 복잡해지면 행동도 자연스럽게 복잡해진다. 주식 시장은 여러 가지 복잡한 요소들을 가능하면 간단명료하게 압축해야 하는 곳이다. 그래야만 생각이 간결해지고, 생각이 간결해야 행동도 간결해질 수 있다. 주식 투자에서 우리가 할 수 있는 행동은 산다, 판다 아니면 그냥 있는다 밖에 없다. 수많은 정보와 수많은 생각을 펼치면 펼칠수록 간결한 행동에서 멀어질 뿐이다.

산다, 판다 아니면 그냥 있는다. 이렇게 3가지 답변으로 압축하는 것이 주식 시장에서의 창의성이란 생각이다. 정말이지 장고 끝에 악수가 나올 확률이 높은 것이 주식 투자다. 심플하게 투자하시라.

돈은 잠들지 않는다는 말의 진짜 의미

증권 시장에서 일어나는 사건들을 주제로 다루거나 증권 시장 자체를 대상으로 만들어지는 영화는 당연히 나의 직업적 관심을 자극하기에 충분하다. 국내외를 막론하고 10여 편 정도의 영화가 발표되었지만, 대부분 현실감이 떨어진다. 영화의 주제를 살리면서도 증권 시장만의 디테일을 잘 살려낸 작품은 흔치 않다. 그중 하나가 올리버 스톤 감독의 영화 〈월 스트리트〉이다.

시리즈의 1부 격인 〈월 스트리트〉는 1987년에 개봉되었고 나도 미국 연수 시절 방문했던 월 스트리트 소재의 유명한 식당이 자주 나와서 여러 차례 관람했던 기억이 난다. 주인공 게코 역을 소화해 낸 마이클 더글러스의 연기를 보고 어쩌면 저렇게 직업적 특성을 잘 표현할 수 있을까 하고 충격적인 감동을 받기도 했었다.

올리버 스톤 감독이 오랜 시간이 지난 2010년에 '돈은 잠들지 않는다(Money Never Sleeps)'라는 부제를 달고 〈월 스트리트〉 2탄을 우리에게 전했다. 이야기가 흘러 첫 작품에서 증권거래법 위반으로 8년간 감옥살이를 했던 주인공 게코의 귀환은 흘러간 시간만큼 완숙해진 마이클 더글러스 모습에서 더욱 현실감을 느낄 수 있었다. 그러나 압권은 '돈은 잠들지 않는다.'라는 이 영화의 부제였다. 이 제목을 접하면 우리 같은 증권쟁이들은 영화를 보지 않아도 느껴지는 그무엇이 있다. 나도 그랬다. 그런데 올리버 스톤에게 허를 찔렸다. 내가 상상했던 뉘앙스가 아니었다. 그래서 지금도 이 '돈은 잠들지 않는다.'라는 명제에 대한 해석이 잘못 소개되는 경우가 많다.

이 문장은 보통 사람은 잠을 자지만, 돈은 잠들지 않고 일을 하니돈이 일을 할 수 있도록 해서 돈을 많이 불려야 한다는 식으로 해석된다. 돈을 투자해서 당신은 잠을 자더라도 돈은 계속 일하게 만들어 더 많은 돈을 벌도록 해야 한다는 것이다. 일종의 투자 장려다.

월 스트리트의 격언에 "베개 속의 돈은 더는 재미가 없다(Pillow money has no any Fun)."라는 말이 있다. 미국 사람들은 주로 돈을 베개속에 감추는 모양이다. 그러니 그 돈을 꺼내서 투자하라는 얘기다. '돈은 잠들지 않는다.'를 마치 그런 쪽의 이야기로 해석하고는 한다.

그러나 사실 이 말은 상당히 차가운 진실을 담고 있다. 영화적 재미를 위해 스토리 상 당연히 이성이 등장한다. 그런데 주인공 마이클 더글라스는 이렇게 말한다. "돈은 여자 같아서, 당신이 그 여인을 꽉 끌어안고 달콤한 잠에 빠져도 그 여자는 잠들지 않는다. 당신이 잠든 후에 그 여인은 언제라도 당신 품을 떠날 것이다. 돈과 여자는 절대로 잠들지 않는다." 신선한 충격이었다. 돈이 돌아다니는 세상을 보여 주는 영화니 이 비유는 돈의 속성을 설명하고자 넣은 대사라고 생각한다.

돈이 인생의 전부는 아니지만, 우리가 살아가는 데 꼭 필요한 것이다. 그래서 많은 사람들이 기회만 있으면 돈을 벌려고 하고 지금도 주식 시장에서 동학 개미니 주린이니 하면서 투자 대열에 동참하고 있다. 그런데 우리는 그동안 돈을 번다는 투자의 앞면만 보고 달리고 있었다. 그 뒷면을 생각조차 안 해본 사람이 많다. 투자의 뒷면은 바로 돈이 떠나가지 않게 지키는 것이다. 이게 진짜 돈을 버는 방법이다. 지키는 것. 돈을 버는 것도 중요하지만 지키는 방법도 그에 못지않게 중요하다.

우리는 시장에서 돈을 지키지 못하는 사람들은 너무 많이 목격한다. 주식이 우리에게 엄청난 행복을 가져다줄 것 같지만, 우리가 잠시 방심하고 잠이 들면 홀연히 우리 곁을 떠나 버린다. 끌어안고 있다고 방심하면 안 된다. 아니면 오히려 적당할 때 떠나보내는 게 당신이 잠든 사이에 떠나 버리는 것보다 아쉽기는 해도 덜 슬플 수도 있다. 당신이 잠든 사이에 얼마든지 돈은 당신을 떠날 수 있다. 돈은 절대 잠들지 않으니까. 이것이 이 대사가 지닌 진짜 뜻이다. 투자자들은 명심해야 한다.

과거에 머무르지 말아라

'각주구검'은 중국 고사에서 유래된 사자성어다. 춘추전국 시대 초나라의 한 젊은이가 매우 소중히 여기는 칼을 가지고 양쯔강을 건너기 위해 배를 타고 가다가 강 한복판에서 그만 실수로 쥐고 있던 칼을 강물에 빠뜨리고 말았다. 놀란 젊은이는 얼른 주머니칼을 꺼내서 칼을 빠뜨린 부분의 뱃전에 표시했다. 그는 '칼이 떨어진 자리에 표시해 놓았으니 찾을 수 있겠지.'라고 생각하고 배가 언덕에 닿자 뱃전에 표시해 놓았던 물속으로 뛰어 들어가 칼을 찾았으나, 칼은 없었다는 이야기다. 이처럼 융통성이 없고 세상일에 어둡고 어리석은 행동을 하는 경우를 가리키는 말이다.

그런데 주식 시장에서 이 젊은이처럼 융통성 없게 행동하는 투자자를 자주 목격한다. 시장도 하나의 생명체 같아서 나름의 생명력을 가지고 흘러간다. 그래서 미래 시장의 움직임을 알 수 없는 우리는 과거의 시장 움직임을 추적하게 된다. 미래에서 온 사람은 없으니 자연히 미래는 예측의 영역이고 과거의 자료는 차고 넘치기 때문이다. 우리는 이 과거의 자료를 기반으로 미래의 시장을 예측하곤 한다. 우리가 사용하는 기술적 분석들이 대표적인 과거의 자료로 미래를 예측하는 방법이다.

그런데 시장은 늘 새로운 시간을 마주하기 때문에 이 과거의 자료가 곧바로 미래를 나타낸다고 말할 수는 없다. 또 다른 사람들은 과거의 주식 시장에서 중요한 사건이 벌어지고 난 뒤 시장이 어떻게 반응했느냐를 가지고 시장의 미래를 말하기도 한다. IMF 사태 때 시장은 어떻게 반응했고, '닷컴 버블' 때는 어땠고, '리먼 사태' 때는 어떠했었고…. 이렇게 많은 과거의 예시가 있어도 상황과 이유가 모두 다르니 과거의 자료가 미래의 시장을 정확히 맞춘 적은 없다. 그럼에도 불구하고 있는 게 과거의 흔적뿐이니 과거 자료를 이렇게 저렇게 분석해서 전망을 논할 수밖에 없는 것이 나 같은 증권쟁이들이 하는 일이다.

현장에서 경험한 바로는 과거를 바탕으로 예측한 앞으로의 시장 흐름이 만족할 만큼 맞은 적이 없다. 요즘은 각종 SNS를 통해 자신의 예측 실력을 뽐내는 사람이 많아졌다. 초보 투자자 입장에서는 많은 정보를 얻을 수 있어서 좋기는 한데, 어느 장단에 맞추어야 할지 결정하기 힘들다.

어떤 사람은 주가가 거의 100% 가까이 오르는 동안 줄기차게 이제는 상투라고 주장한다. 그러다 아무도 예상하지 못했던 뜻밖의 이유로 주가가 떨어지기 시작하면 자신이 맞췄다고 또 야단법석이다. 그는 이미 진 것이다. 주식과 비슷하게 서울의 아파트 가격이 어떻게 될까도 초미의 관심사이다. 여기에도 계속 오른다는 사람, 이제는 떨어질 것이라는 사람 등 참 누구 말을 믿어야 하는 건지 헷갈린다. 아주 유명한 어떤 분은 10년이 넘게 집값이 떨어진다고 각종 매체를 휩쓸고 다니며 주장했다. 그런데 집값은 그분의 의견과는 정반대로 움직여서 이제는 너무 멀리 달아나 버렸다. 집값이 올해 떨어진다고 이제 와서 그분 말이 맞았다고 할 수 있을까?

주식 시장도 이런 식이다. 과거의 자료는 폭락했을 때 사서 기다리면 큰 수익이 나고, 너무 과열일 때 욕심을 줄이고 팔아야 이익을 실현할 수 있었다는 아주 기본적인 진리를 제외한 나머지는 잘 맞는 경우가 없다. 가장 기본적인 것이 가장 정확한 것이다. 우리는 과거의 주식 시장의 흔적들을 참고만 해야 한다. 너무 과거에 집착해서 미래의 시장을 그림 그리듯 그리려고 하면 실수하기 쉽다.

옆집 고양이가 담을 넘을 때 왼쪽으로 넘었다고 해서 내일도 왼쪽으로 담을 넘을 것이란 생각은 위험하다. 그냥 고양이는 담을 넘어 온다는 사실 자체에만 충실할 필요가 있다. 기본적 원리보다 디테일에 너무 매몰되면 투자를 망칠 수 있다. 투자는 투자의 기본을 잘 지켜나가는 것만으로 절반 이상은 성공한 셈이다. 2020년 봄, 코로나 팬데믹 상황처럼 갑자기 증시가 급락하면서 시장이 공포에 휩싸이면 긴 호흡으로 사면 된다. 그런데 반등이 생각보다 너무 빨라 과열 조짐을 보이면 더 미련 가지지 말고 팔면 되는 것이다.

과거와 똑같은 미래의 시장은 앞으로도 없다. 이를 기대하는 것은 강 한가운데서 뱃전에 칼로 새긴 표시를 믿고 배가 강가에 도달한 후 그 표시 밑에서 칼을 찾겠다는 것과 같다. 주식 시장은 흘러가는 배와 같다. 물 위로 배가 떠가고 있지만 같은 위치가 아니라는 사실을 잊지 말아야 한다.

겹치는 불운은 막아야 한다

인생을 살아가며 매번 좋은 일만 일어날 수는 없다. 어떤 이는 우리 인생에는 좋은 일보다 슬프고 우울한 일이 더 많지만, 가끔 우리에게 기쁨을 주는 일 덕분에 인생은 살아갈 만한 것이라고 말한다. 그러나 운명 때문이든 자신의 실수 때문이든 간에 참 곤란한 상황에 놓일 때가 있다. 이런 때 중요한 것은 그 상황을 어떻게 해결하고 빠져나오느냐다.

"겹치는 불운은 막아야 한다."라는 골프 격언이 있다. 폴 보면이라는 옛 PGA 골퍼가 한 말이다. 이 말을 곱씹어 보면 불운은 보통 겹쳐서 온다는 이야기로 받아들일 수 있다. 내 경험을 돌이켜봐도 불운이라는 놈들은 주로 떼로 몰려다니는 것 같다.

IMF 사태 이후 온 국민이 무척 고생하고 있을 당시, 프로 골퍼 박세리 선수가 LPGA 경기에 나왔다. 경기 도중 정말 운이 없게도 공이 물에는 빠지지 않았지만, 아슬아슬하게 턱에 걸리는 불운을 맞이했다. 그린을 살피고 공이 놓인 상태를 확인한 박세리 선수는 캐

디와 짧은 대화를 나눈 후 갑자기 골프화를 벗었다. 해저드(골프 코스에 있는 장애물)에 들어가겠다는 결정이다. 누가 봐도 물속에 발을 넣지 않고는 공을 꺼낼 방법이 없는 상황이었다. 이어진 박세리 선수의 웨지 샷은 공을 멋지게 그린에 올려놓았다. 이 장면은 당시 힘든 시절을 보내던 국민에게 큰 희망과 힘이 되었다. 불운도 이겨낼 수 있다는 메시지를 전한 것이다.

우리 같은 아마추어들이 골프 경기를 할 때, 첫 번째 친 공이 깊은 러프에 빠지면 PGA나 LPGA 경기에서 유명한 프로 골퍼들이 환상적인 샷을 날려 그린 옆에 갖다 붙이는 장면을 떠올리게 된다. 앞서 말한 박세리 선수가 만들어 낸 것 같은 드라마틱한 장면을 말이다. 그런데 사실은 그럴 때는 두꺼운 웨지로 일단 그다음 샷을 하기 편한 곳으로 꺼내야 한다. 알고는 있는데 몸은 전혀 다른 행동을 한다. 그래 봤자 퍼팅에서 한 타 줄이면 결국 마찬가지인데, 몸은 갑자기 유명한 프로 골퍼로 변신한다. 결국 그 상태에서 2타, 3타가 손해가 나고 급기야 그날 경기 전체를 망치는 경우가 많다. 끝나고 나서야 머리로 아는 것을 행동으로 옮기지 못한 것을 후회한다.

주식 시장도 마찬가지다. 종목을 잘못 정하거나 아니면 매매 시점을 잘못 택해서 손해가 나는 경우가 있다. 어찌 보면 주식 투자에서 이 정도 불운은 골프 경기에서 공이 러프에 들어가는 것 정도일 뿐이다. 그런데 중요한 것은 이 불운을 어떻게 해결할 것인가, 그 해결 방법에 있다. 이번에 손해를 봤으니까 한꺼번에 그 손해까지 합

쳐서 만회하겠다는 생각으로 무리한 투자를 서슴지 않게 된다. 주식 시장에서 많이 쓰는 일본 말인 '반카이(挽回)'를 하겠다는 것이다. 골프 경기에서 불운을 해결할 때 자신이 프로 골퍼인 것으로 착각하는 것처럼 주식 시장에서도 자신이 마치 피터 린치 같은 세계적인 투자자라고 착각하는 것이다. 정작 그들은 위기가 왔을 때 오히려 더더욱 정석에 따른 투자를 한다. 개인들이 멋모르고 하는 무리한 투자는 엄청난 손해를 불러 올 수 있다.

누구나 실수는 한다. 골프를 치건 주식 투자를 하건 누구나 실수는 할 수 있다. 중요한 것은 가까이에서 두 번째로 다가오는 불운을 겹쳐서 맞이하는 우를 범하지 말자는 것이다.

기억하시라. 겹치는 불운은 막아야 한다. 불운은 늘 몰려다닌다.

공매도는 과연 필요한 것인가?

가타부타 말도 많던 공매도가 2021년 5월부터 재개된다. 코로나 사태로 두 차례 공매도 금지에 나섰던 당국은 이제는 정말 다시 공매도를 허용할 모양이다. 작년 이후 증시에서 주요 세력으로 급부상한 개인 투자자들의 강력한 반발에 부딪혀 일단은 물러섰지만, 이번에는 정말로 재개될 것 같다.

공매도가 기울어진 운동장을 만든다는 개인 투자자들의 반발 때문에 당국은 이번에는 준비를 단단히 해서 그러한 불평등 관계를 개선한단다. 그런데 과연 그것이 가능할까? 우리가 모르거나 별로 신경을 안 써서 그렇지 주식 시장 자체가 외국 투자자나 기관들과 개인 투자자들이 반듯한 운동장에서 경기하는 곳이 아니다. 그것은 전문성과 규모 그리고 신뢰성 차이 때문에 그럴 수밖에 없다. 개인 투자자들 입장에선 기관이 싸게 사서 비싸게 파는 일방적 매매를 주로 하기에 대량 매도를 싫어한다. 왜냐하면 팔면 일단 주가가 하락하기 때문이다. 당국은 다른 나라 증시를 예를 들면서 우리나라만 공매도를 너무 오래 중지시키고 있고, 그에 따른 부작용을 들어 공매도 재개 타당성을 설명하고 있다. 마침 미국 시장에서도 개인 투자자들이 집단적 행동을 통해 공매도를 주로 하는 헤지펀드를 굴복시킨 '게임스탑' 사건도 있었다.

그래서 나를 포함한 증시 전문가들은 이 조심스러운 문제에 대해서는 가능한 말을 아끼려고 한다. 잘해도 본전이 아니기 때문이다. 그런데 걱정스러운 것 하나는, 당국의 이번 보완 조치가 잘못하면 더 큰 문제를 발생시킬 수 있다는 점이다. 우선 공매도 대상을 코스피200 종목과 코스닥150 종목에 한정하겠다고 했다. 즉, 중소형주에 대한 공매도는 계속 금지하겠다는 것이다. 사실 따지고 보면 이들 중소형주들은 급격한 가격 변화와 조작에 아주 취약하다. 오히려 이 중소형 종목들에 더 공매도가 필요할지 모른다.

모든 종목에 대해서 공매도를 허용하지 않았다는 구실은 있을 수 있을지 모르나 허용 규모나 효과 면에서도 별 실익이 없다. 또한 무조건 공매도를 금지하면 각종 파생 상품과의 반대 개념에서의 거래를 할 수가 없어진다. 개인 투자자들 입장에서야 이런 단순한 시장을 원할 수도 있겠지만, 이미 그런 원시 시장에서 벗어난 지 오래다. 모든 시장이 다 그러하겠지만, 현재의 시장에 문제점이 있다고 모든 시장을 원시 상태로 되돌릴 수는 없다. 무차입 공매도에 대한 처벌을 강화하는 것은 사실 공매도 재개 문제와는 조금 결이 다르다. 문제는 당국이 정말 개인들도 기관, 외국인과 똑같이 빌릴 수 있는 종목 수나 기간, 증거금 등에서 평평한 운동장을 만들어 줄 수 있느냐이다. 그렇다고 묻지도 따지지도 않고 개인들에게도 똑같이 허용하면 개인들의 손실이 늘어날 것은 불 보듯 뻔하다. 업틱룰*도 시장 조성에서 매수자의 매수 단가를 올리는 부작용을 가져올 수 있다.

이러니 이 공매도 논란은 참 골치 아픈 문제가 분명하다. 그런데 생각을 조금 달리 하면, 방법이 아주 없는 것도 아니다. 개인 투자자는 본인이 가지고 있는 종목을 공매도해서 주가를 떨어뜨릴 것을 걱정하는 것이다. 과연 우리가 어떤 종목을 매수할 때 적정선에서 합리적인 주가 상승의 기대를 갖고 매수했는지도 생각해봐야 한다. 공매도의 타겟이 되는 종목들을 보면 주가의 부침이 매우 강한 종목에서 많이 나타난다. 다시 말해서 필요 이상으로 주가 진폭이 큰 종목이란 점이다.

나는 가끔 투자자분들께 이런 방법을 권하기도 한다. 자신이 소신을 갖고 매수한 종목을 공매도 세력이 공매도를 치면, 가지고 있는 주식 중 일부를 그들과 같이 팔라고 한다. 그리고 떨어지면 다시 진입하라는 것이다. 공매도는 꼭 주식을 빌려서만 하는 게 아니라, 나 스스로도 공매도의 희열을 맛볼 수도 있다고. 그렇지 않으면 좋은 기업의 주가는 반드시 오르니 그냥 기다리라고.

---

* 공매도에서 쓰이는 말로, 매도 호가를 직전 체결가(직전 거래 가격)보다 낮은 가격으로 내지 못하게 제한한 규정을 뜻한다. 시장 거래 가격 밑으로 호가를 낼 수 없도록 해서 공매도로 인한 주가 하락을 막기 위한 조치다.

시장에 있던 룰을 바꾸면 내게 유리해 보이지만, 결국 룰이 문제가 아니라 실력이 있는 사람이 이긴다는 것을 알아야 할 것이다.

PART 2

성공적인
투자를 위한
마인드셋

구멍 뚫린 양동이

'증권맨'은 증권회사 임직원의 별칭 같은 것이다. 요즘에는 각자의 주요 담당 업무에 따라서 '애널리스트'나 '트레이더' 같은 구체적인 표현을 하지만, 일반적으로는 '증권회사 다니는 사람=증권맨'이라고 부른다. 2008년 타계한 일본 노무라 증권의 다부치 회장은 은행원과 비교해서 "증권회사 다니는 증권맨은 '구멍 뚫린 바께스'다."라고 표현했다. 아시다시피 바께쓰는 양동이를 부르는 일본말이다.

양동이에 구멍이 나 있다면 양동이 본연의 기능을 수행하는 데 상당한 어려움이 있을 수밖에 없다. 양동이는 물을 담아 두거나 다른 용기로 이동시킬 때 주로 사용하는데, 여기에 구멍이 나 있다면 보통 낭패가 아니다. 이 표현은 내가 들어 본 말 중에서 주식 시장과 투자자 그리고 증권회사 직원을 아주 잘 묘사한 비유다.

보통의 사람들은 은행에 저축하거나, 보다 적극적인 경우는 주식 투자를 해서 가계의 재화를 늘리려고 한다. 물론 요즘엔 '부동산 광풍'이라고까지 표현되는 아파트 투자를 빼놓을 수는 없게 됐지만 말이다. 은행에 예금을 넣으면 약속된 이자를 받게 되니까 특별한 일이 없으면 약속된 금액을 약속된 날짜에 받게 된다. 말하자면 구멍이 전혀 나 있지 않은 온전한 양동이에 돈이 담긴 것이다.

은행 예금이 정상적인 양동이에 물을 담아 옮기는 행위라면, 주식 투자는 구멍 난 양동이로 물을 옮겨야 하는 위험이 따르는 작업이다. 주식 투자는 변수가 너무 많고 그 변수가 전부 다 구멍이다. 당연히 위험을 어떻게 관리할 것인가에 대한 대책이 있어야 한다. 그런 거 없이 마냥 들고 있거나 잠시라도 한눈을 팔면 양동이에 가득 찼던 물이 졸지에 다 새어 나가고 빈 양동이만 남게 된다. 주식시장이 요즘처럼 변동성이 심할 때는 더더욱 와닿는 말이다.

2020년 코로나 팬데믹 이후 세계 각국이 침체된 경기를 조기에 회복시키려고 역사상 유례없는 유동성 공급을 시작했고, 그 결과 시장의 유동성이 확대되어 상승을 나타내는 전형적인 유동성 장세를 보이고 있다. 또한 개인 투자자의 확대는 시장의 변동성을 더욱 가속시키고 있다. 미국 시장에서는 넘쳐나는 개인 투자자들의 유동성이 공매도를 주로 하는 헤지펀드들을 맞받아쳐서 굴복시키는 일들이 일어났다. SNS를 기반으로 한 개인 투자자들의 응축된 힘이 얼마나 대단할 수 있는가를 보여준 예이다. 헤지펀드는 큰 손해를 보고 백기를 들었고 개인 투자자들은 승리를 거두었다.

앞으로 이 주식을 매수한 개인 투자자들의 출구 전략이 무엇일까

하는 걱정은 남는다. 그동안 주식 시장에서 기관 투자자들에게만 주어졌던 특혜에 가까운 정보의 접근성과 비밀스러운 전략들이 이 사건의 중심에 있다. 기회에 대한 공정성에 대한 저항이다. 우리나라도 공매도 재개에 대한 많은 준비가 필요한 이유다. 이렇듯 주식 시장은 논리적인 판단을 소용없게 만드는 경우가 많다.

이 많은 변수들이 양동이에 뚫려 있는 구멍들인 것이다. 기대했건 기대하지 않았건 수시로 터져 나오는 변수들에 대한 반응의 민첩성이 요구되는 곳이 바로 시장이다. 여기서 기대 수익에 대한 합리성을 다시 말하게 된다. 바뀌는 상황 변화에 따라 즉각적인 기대 수익에 대한 합리성을 수정해야 한다. 때론 예기치 못한 변수 출현에 따라서 손해도 감수해야 한다. 시장에 대한 융통성을 가지는 것도 좋은 투자 기술 중 하나이다. 주식 투자는 투자 전에 많은 생각과 분석이 필요하기도 하지만, 변화된 상황에서의 빠른 행동도 요구되는 작업이다. 늘 내 양동이는 구멍이 뚫려 있다고 생각하시라. 방심해서는 안 된다.

예측하지 말고 반응하라

주식 시장처럼 변덕스러운 데가 없다. 끝도 없이 오르기만 할 것 같던 시장이 하루아침에 고꾸라지는가 하면, 이제 더는 아무 희망도 없어 보이던 시장이 정말 기적처럼 살아나서 상승하고는 한다. 그래서 많은 분석가들이 여러 가지 자료를 동원하며 시장의 미래에 대하여 다양한 의견을 내놓는다. 그러나 내 경험에 비추어 보면 시장의 결정적인 변화는 정말 순식간에, 아무런 예고도 없이 찾아온다. 마치 아침에 눈을 뜨니 밤새 내린 하얀 눈이 온 세상을 단번에 바꿔 놓은 것을 보는 느낌이다.

움직이는 모든 것은 나름대로 관성의 법칙을 가지고 있기에 주식 시장 또한 가던 방향으로 지속해서 가려고 하는 관성을 갖고 있다. 주식을 하다 보면 때론 이러한 시장의 관성과 싸워야 할 때가 있다. 대부분의 투자자는 이러한 시장의 관성 안에 머물려는 경향을 보인다. 이런 현상은 익숙한 것이 편하다는 생각에서일까?

시장은 항상 우리의 예측보다 한발 일찍 움직인다. 그런데 그렇다고 투자자가 시장의 변화를 예측해서 먼저 움직이는 것은 또 다른 위험을 불러올 수도 있다. 그래서 '주식 시장에서는 예측하지 말고 반응하라'라고 조언한다. 그런데 바로 이 반응이 문제다. 작은 움직임에 너무 일찍 반응해서 결과가 나쁘면 촐싹거린다는 얘기를 듣고, 너무 느리게 반응해서 손해가 나면 굼뜨다는 핀잔을 듣는다.

그중에서 더 위험한 것은 시장의 변화를 감지하고도 너무 느리게 반응하는 것이다. 그 늦은 반응이 의연함에서 나오는 것이라고 애써 변명도 늘어놓지만, 사실은 '미련'과 '어쩔 수 없는 체념'에서 나오는 것이다. 그래서 주식 시장에선 '군자표변(君子豹變)'이라는 고사성어를 통해 이 느려터진 행동을 경고하기도 한다.

이 말은 군자는 표범처럼 변한다는 뜻으로 가을에 새로 나는 표범의 털이 아름답듯이, 군자는 허물을 고쳐 올바르게 행함이 아주 빠르고 뚜렷하며 선(善)으로 옮겨가는 행위가 빛남을 이르는 말이다. 《주역》에 나오는 말이며 표범의 새로운 털가죽보다 훨씬 아름답다는 호랑이의 새로운 털가죽의 변화를 빗댄 대인호변(大人虎變)과 새로운 것에 대해 안면만 바꾸는 소인배들을 비난하는 소인혁면(小人革面) 같은 말들과 함께 나온다. 그렇다. 우리 모두 호변까지는 아니어도 표변은 해야 하지 않을까.

잘 나가던 주가가 갑자기 흔들리는 상황을 가정해 보자. 관성에 의한 낙관론자들은 잠시 흔들리겠지만, 곧 시장은 상승을 계속할 것이라고 말한다. 분명히 무언가 시장의 큰 변화가 오고 있음이 느껴져도 쉽게 행동하지 못한다. 미련 때문이다. 잠시 조정을 거친 후 다시 상승할 것이라는 말을 그저 믿고 싶은 것이다. 그리고는 의연함을 보이는 자신을 더더욱 신뢰하기까지 한다. 시장의 미인주가 이미 바뀌어 있는데 본인만 흘러간 옛 노래 같은 과거 화려했던 종목 타령만 한다.

어떤 정치인이 바로 어제 한 말을 오늘 뒤집어 말하면 상당한 비난을 받는다. 정부의 관료가 자신의 의견을 손바닥 뒤집듯 바꾸어 말하면 여론의 뭇매를 맞는다. 그러나 주식 투자는 그런 것과는 다르다. 절대 이데올로기 싸움이 아니다. 어떤 투자자는 정치적 성향 때문에 특정 주식은 절대로 못 사겠다고 하는 경우가 있다. 주식 투자는 그런 것이 아니다. 청군, 백군 나뉘어 겨루는 운동회도 아니다. 그냥 돈을 버는 투자일 뿐이다. 그렇기 때문에 오전에 시장의 흐름을 잘못 인식한 것이 오후에 느껴진다면 바로 행동을 바꾸어야 한다. 그렇다고 그 누구도 비난할 사람이 없다.

이미 오래전에 《주역》에서 군자는 상황에 따라 변해야 한다고까지 얘기했는데, 우리가 주식 시장에서 변화를 주저할 일이 아니다. 하루에 몇 번이라도 변하시라 주식에서의 군자는 시장 변화에 따라 표범처럼 변해야 한다. 공연히 '군자의연'을 강조해 보았자 루저의 우유부단함으로 취급받는다.

꿈과 위험은 동체

세상에 꿈 없이 사는 사람이 있을까? 꿈은 자는 동안의 수면 현상을 일컫는 말이기도 하지만, 보통은 '희망'이라는 뜻으로 더 많이 쓰인다. 2002년 월드컵 때 붉은 악마 응원단이 관중석에서 들었던 플래카드인 '꿈은 이루어진다.'라는 문장은 지금 봐도 가슴을 설레게 한다. 그렇다. 간절히 바라면 그 희망이 실제로 이루어진다는 마법 주문 같은 이야기다. 그러나 아무 짓도 안 하고 바라기만 한다면 정말 뭐든 이루어질까? 바람에 상응하는 구체적 행동이 같이 행해져야 이루어질 수 있을 것이다. 우리나라 밴드 '봄여름가을겨울'의 노래 '어떤 이의 꿈'의 가사를 보면 참 다양한 꿈과 함께하는 행동들이 있다는 것을 말해준다. 어떤 사람은 꿈을 나눠주고 어떤 사람은 남의 꿈을 뺏고 또 누구는 남의 꿈을 무시하고 참 여러 가지이다. 여러분은 어떤 꿈을 어떻게 이루려 하면서 사시는가?

고대 그리스 철학자 '디오게네스'는 평생을 집도 없이 통 안에서 살았다. 정말 개처럼 살았다. 어찌 보면 요즘 개보다도 더 형편없이 살았는지도 모른다. 그래서 그에게는 견유(犬儒)학파 라는 말을 붙인다. 어느 날 알렉산더 대왕이 그의 명성을 듣고 그의 통나무집으로 그를 찾아온다.

"나는 알렉산더다."

"난 디오게네스입니다."

"내가 무섭지 않으냐?"

"당신은 나쁜 사람입니까?"

"나는 나쁜 사람이 아니다."

"그럼 무서워할 이유가 없소."

"네가 소원을 말하면 내가 들어 줄 테니 말해 보아라."

"당신이 지금 햇볕을 가리고 있으니 비켜 주었으면 하오."

천하의 디오게네스도 그 순간에는 잠시나마 바라는 꿈이 있었다. 이렇게 소박하기 이를 데 없는 꿈도 있지만, 일반인들은 대체로 욕망이 섞인, 꿈과 욕망 사이의 그 어떤 지점의 꿈을 가지고 있다. 그러면서 내 꿈은 소박하다고들 말한다. 요즘 '소확행'이 유행이다. '작지만 확실한 행복'이라는 뜻이다. 일상에서 누리는 소소한 꿈의 실현을 행복으로 느낀다는 참 좋고 착한 얘기이다.

이런 소확행 같은, 작지만 확실한 행복에 감사하는 마음은 주식 투자에도 필요하다. 주식 투자는 돈을 벌려고 하는 것이니까 많이 벌면 벌수록 좋다. 문제는 시장 참여자 모두가 같은 생각을 한다는 점이다. 가능한 많은 수익을 거두기를 간절히 꿈꾼다. 누구처럼 소액으로 수백억대 부자는 아니더라도 될 수 있으면 많이 벌기를 희망한다. 그럼 그런 주식 투자에서의 꿈도 간절히 바라면 이루어질까? 주식 사 놓고 매일 교회, 성당, 사찰에 가서 기도와 치성을 드리며 간절히 빌어도 깨질 사람은 깨진다.

사실 깨질 사람은 이미 정해져 있다. 아니, 이건 무슨 소리인가. 주식 투자에서 손해를 자주 보는 사람들의 유형은 대개 비슷하다. 모든 객관적 자료들이 가리키는 것들이 자기에게만은 해당되지 않는다고 생각한다. 바보 같은 특권의식이다. 우리가 사는 그 어떤 종목의 주가도 100% 오른다고 장담할 수는 없다. 주가가 오르기를 바라는 그 꿈과 위험은 한 몸이다. '하이 리스크 하이 리턴, 로우 리스크 로우 리턴(High Risk High Return, Low Risk Low Return).' 그렇다. 위험을 많이 선택하면 많이 얻을 수도 있다. 그러나 주식 시장에선 위험을 많이 안으면 고스란히 그 위험만 돌아오는 경우가 훨씬 많다.

돈을 벌고 싶다는 욕망을 조절하기 힘들다면 꿈을 조금 줄여 보면 어떨까? 처음부터 '모 아니면 도'라는 생각에 한계기업에 투자했다가 봄마다 상장폐지로 큰 손해를 보는 투자자가 많다. 또 어느 정도 올라간 주가 상승에 매번 마음을 바꿔가며 '조금만 더!'를 외치다 매노 기회를 놓져서 괴로워하는 투자자도 많다. 조금만 욕심을 덜어 놓으면 보인다. 꿈과 위험이 동체인 주식 투자에서 이런 절제의 마술만 익혀도 큰 낭패를 막을 수 있다. 오히려 적정한 수익을 맛보며 주식 투자의 소확행을 누릴 수 있다. 당신이 사고 있는 주식은 벅찬 희망과 날카로운 칼날을 동시에 가지고 있다는 사실을 명심하시라.

너 자신을 알라

2020년 팬데믹으로 인한 충격으로 급락했던 시장이 강한 V자 반등을 보이며 사상 최고의 주가지수를 기록했고, 덕분에 10년에 걸쳐 지긋지긋하게 주식 시장을 가두어 놓았던 박스권도 상향 돌파하는 기염을 토했다.

그러던 중 민족 대명절인 추석에 오랜 집합 금지로 힘들어하는 국민 여러분께 조금이나마 희망을 드리겠다고 국민가수 나훈아 씨가 비대면 콘서트를 열었다. 그것도 15년이라는 긴 방송 공백기를 접고서 말이다. 방송으로 송출된 공연도 성공적이었지만, 그가 부른 '테스 형'이란 노래가 후폭풍을 가져왔다. "아, 테스 형! 세상이 왜 이래! 왜 이렇게 힘들어. 아, 테스 형! 소크라테스 형. 너 자신을 알라며 툭 내뱉고 간 말을 내가 어찌 알겠소. 모르겠소. 테스 형."

정치권에선 가사에 여러 가지 의미 부여를 하면서 자신들에게 유리하게 끌고 갔고, 답답했던 대중들은 그가 소크라테스라도 된 듯 환호를 보냈다.

나는 학부에서 철학을 전공했다. 그 후 대학원에서 경영학을 전공했지만, 살아가며 시시때때로 철학도의 습성이 자주 나타났다. 끝없는 의문을 갖고 나보다는 다른 사람의 생각을 더 많이 고려하는 습관은 증권쟁이로 살아가는 데 많은 도움을 준 것도 사실이다. 그런데 소크라테스가 정말 '너 자신을 알라'고 말했을까? 어느 문헌에도 그렇게 말했다는 기록이 없다. 그런데 왜 사람들은 소크라테스가 '너 자신을 알라.'라고 말했다고 믿는 것일까. 이 문장이 아주 중요하다는 것을, 그리고 이 명제에 대한 필요성을 우리 삶 속에서 자주 느끼기 때문일 것이다. 소크라테스는 정확하게는 '네가 무지함을 알아라.'라고 얘기했다. 다시 말해서 '무지(無知)의 지(知)'를 말한 것이다. 따지고 보면 그게 그거다. '너 자신을 알라.'가 더 확 와 닿는다.

그런데 이 '너 자신을 알라'는 말은 주식 투자를 하는 동안 절대로 지켜야 하는 원칙 중에 하나다. 주식 투자를 실패로 이끄는 큰 원인 중 하나는 탐욕이다. 시장에서는 욕심이란 단어보다는 탐욕이란 말을 더 자주 사용한다. 욕심과 탐욕의 경계가 어디까지인지는 정확하지 않지만, 욕심은 보통 부려도 어느 정도 이해가 가능한 정도라면 탐욕부터는 일반적인 한계치를 넘어서는 것이라는 느낌을 받게 된다.

누구나 돈을 벌기 위해서 투자를 한다. 그런데 단돈 1,000만 원으로 수백억의 재산을 만들어 냈다는 얘기, 주식 투자로 인생이 바뀌었다는 성공한 슈퍼개미 그리고 주식으로 작년에만 재산을 2배로 불렸다는 주변 사람… 이 모든 것들이 우리 스스로의 처지를 잊게 만든다. 나도 성공한 사람처럼 될 수 있다고 생각한다. 심지어는 운이 좋으면 그들보다 더 쉽게 이룰 수 있으리라고 생각한다. 문제는 바로 여기서 시작한다. 아주 쉽게 표현하자면 주식 투자에 성공하기 위해서는 자신의 꼬라지를 알아야 한다.

나는 초보 투자자를 만날 때마다 '나는 개미다.'를 여러 번 반복하라는 부탁을 한다. 평생을 주식 투자를 업으로 삼아 온 나도 시간이 갈수록 주식 투자가 어렵고 두렵다. 우리는 방송이나 인쇄 매체, 유튜브 등에서 만나는 주식 투자 성공 신화의 주인공이 아니다. 누구나 자기 인생에서는 자기가 주인공이지만 주식 시장에선 아무것도 아니다. 그냥 개미 투자자일 뿐이다. 내가 영혼까지 탈탈 털려서 시장을 떠나도 그 누구도 나를 기억해 주지 않는다.

인생역전, 대박을 노린다면 차라리 로또를 사라. 주식 투자는 대박을 노리는 게임이 아니다. 주식은 좋은 기업에 투자해서 그 기업과 성장을 같이하는, 투기가 아닌 투자 행위다. 그러나 정말이지 벼락 맞을 확률만큼이나 운이 좋으면 글자 그대로 '벼락부자'가 될 수도 있겠지만 처음부터 대박을 노리고 주식을 시작한다면 그것은 투기일 뿐이다.

'너 자신을 알라.' 정말 주식 투자에도 꼭 필요한 지침이다. 테스형! 감사합니다.

'동남풍'은 언제 불까?

동남풍은 《삼국지》에 얽힌 적벽대전에서 온 이야기다. 후한 말, 중국 북부를 통일한 조조는 천하를 얻으려고 남으로 진격했다. 그 과정에서 자연스럽게 손권과 유비가 손을 잡은 연합군과 일전을 치르게 된다. 이 연합군 안에는 유비가 삼고지례(三顧之禮)를 다해 맞아들인 제갈공명이 있었다. 수전에 약한 조조 군은 장강 서쪽을 거슬러 올라가는 길목에 있는 적벽에서 연합군과 마주치게 된다. 수전에 약한 북방인이 대부분인 조조 군은 뱃멀미를 줄이려고 서로의 배를 쇠사슬로 묶고 휴식을 취하고 있었다. 이러한 약점을 간파한 제갈공명의 지휘 아래 불을 사용한 공격으로 조조의 대군을 격멸시킨 사건을 우리는 적벽대전이라 부른다.

그런데 이 적벽대전에는 풀리지 않는 미스터리가 숨어 있다. 1년에 단 2~3일만 분다는 그 지역의 동남풍이 마침 그 순간에 불어올 거란 사실을 제갈공명은 어떻게 알았을까 하는 점이다. 시간에 맞춰 동남풍이 불어야 불길이 조조군 쪽으로 번질 수 있었기 때문이다.

주식 시장도 마찬가지이다. 제갈공명이 1년에 딱 2~3일만 분다는 동남풍이 부는 날을 알아맞히듯이 순간적으로 대폭발하는 종목을 알아낼 수 있으면 얼마나 좋을까. 우리에게 제갈공명 같은 그런 능력이 있으면 얼마나 좋을까 이런 생각을 해본다. 그런데 주식 시장에서 이런 제갈공명을 꿈꾸는 사람들이 아예 없는 것은 아니다. 소위 말하는 '대박 종목'을 찾는 사람들이다. 대박 종목을 제대로 찍으면 슈퍼개미도 되고 여기저기 주식 투자의 성공담을 전하는 전설의 부자도 되고 생각만 해도 이 이상 좋을 수가 없다.

그런데 이 대목에서 우리가 한번 생각해 볼 일이 있다. 만약에 그 옛날 적벽대전에서 수적 열세를 무릅쓰고 화공법을 감행했던 손권, 유비 군대에게 때마침 동남풍이 불어오지 않았거나 오히려 북서풍이 불어 화염이 연합군을 거꾸로 집어삼켰다면 어땠을까? 끔찍한 조조 군의 응징이 있었을 것이다. 이처럼 주식 시장에서 하이 리턴에 대한 기대는 필수적으로 하이 리스크를 품에 안게 만든다. 수십 년 전에 계속해서 오를 종목을 골라 꾸준히 사모아서 부자가 된 사례는 모든 사람에게 적용되는 얘기는 아니다. 본인의 노력과 운과 하늘의 도움까지 더해져야 가능한 일이다. 아마 그런 사람은 전생에 나라를 구해서 뭘 해도 부자가 됐을 것이라고 생각해야 한다.

주식 시장 주변에는 이런 동남풍 같은 대박 종목으로 사람들을 현혹하는 사람들이 꽤 있다. 그들이 불러 주는 대박이라는 정보는 대부분 상당한 위험성을 지니고 있다. 그 위험성이 비껴가면 대박이 난다고 말한다. 주저하지 말란다. 용감한 자만이 미인을 얻을 수 있단다. 그 말은 그런 때 쓰는 말이 아니다.

계속해서 강조하지만, 주식은 잭팟을 노리는 게임이 아니다. 주식투자는 합리적으로 자신의 재산을 불려가는 투자다. 그러므로 당연히 투자하려는 기업의 상황을 파악하고 그 기업의 미래 성장 가능성은 어떤지가 검토되어야 한다. 이것이 정상적인 투자다. 이러한 작업은 때로는 귀찮고 어려울 수도 있다. 그런 당연한 수고는 하지 않고 공연히 주식 시장에서 적벽대전을 치르려고 하지 마시라. 1년에 겨우 2~3일만 불어온다는 동남풍에 목숨 같은 재산을 걸지 마시라. 주식 시장에서 가장 많이 불어오는 바람의 방향을 택하시라. 미리 가서 기다리던 바람이 안 불어오면 목숨을 잃는 것은 주식 시장이나 전쟁이나 똑같을 뿐이다.

비관론자를 살펴야 하는 이유

어떤 일이 본격적으로 일어나기 전에 나타나는 현상을 '전조 현상'이라 부른다.

자연재해에는 물론이고, 인간의 질병에도 전조 현상이 있어 병을 미리 발견하는 데 많이 활용된다. 주식 시장에도 전조 현상이 있다. 그런데 이러한 전조 현상을 잘못 판단해서 오히려 투자를 망치는 예는 무수히 많다. 의도적으로 전조 현상 같은 상황을 만들어 상대방을 궁지로 몰아넣는 경우도 있다. 이런 우려가 있기는 해도 우리가 시장에서 꼭 짚어 봐야 하는 신호들은 분명히 있다.

습관적인 비관론자들은 늘 시장 하락의 전조 현상이 나타났다고 주장한다. 또 낙관론자들은 늘 시장의 좋은 쪽만 나타내는 전조 현상을 설명하는데 많은 시간을 사용한다. 이런 편중된 시각에서 벗어나 주식 투자에서 기본석으로 판단해야 할 전조 현상은 바로 시장의 수급에 관련된 것이다. '그 어떤 재료보다도 수급을 우선한다.'라는 투자 격언이 있다. 수급은 주가를 올리고 떨어뜨리는 가장 기본적인 요소다. 최근에 자주 등장하는 유동성 축소 같은 것이 그것이다. 팬데믹 이후 엄청난 유동성을 공급한 각국이 언제 어떤 방법으로 유동성을 회수할 것인가는 시장의 중대한 변수다. 어떠한 경우에도 시중 유동성이 줄어들어 시장이 위축될 것에 대비해야 한다. 아주 중요한 하락의 전조 현상이다. 반대로 2020년 봄, 코로나가 막 닥쳤을 당시처럼 대규모의 유동성이 공급되면 이것은 주식시장의 상승 전조 현상으로 파악해야 한다.

한때는 주식 시장에 주부 고객들이 나타나는 게 상투의 전조 현상이라는 말도 있었지만, 요즘에는 전혀 안 맞는 얘기가 되어 버렸다. 이런 낭설들은 분석에 의거한 전조 현상이라기보다는 다소 감성적인 판단에 기초한 것이다. 이와 달리 상당히 타당해 보이는 감성적인 전조 현상을 하나 소개할까 한다.

사장에는 늘 낙관론자와 비관론자가 함께 존재하기 마련이다. 그런데 상당수의 비관론자가 시장의 하락을 걱정하는 한 시장 가격은 잘 빠지지 않는다는 이야기가 있다. 비관론자들이 앞으로 일어날 증시 하락을 계속해서 걱정하기 때문에 이미 시장이 하락에 대해 준비한다는 것이다. 그러므로 항상 시장의 폭락은 모든 사람이 넋 놓고 상승만을 생각할 때에 기습적으로 온다는 것이다. 그래서 비관론자들이 쉬지 않고 시장의 하락을 걱정하고 있으면 시장의 하락은 잘 오지 않는다는 뜻이다. 이로 인해 '주식 시장은 걱정의 벽을 타고 상승한다.'라는 말이 생겼다. 그러다 어느 순간 시장에 참여한 거의 모든 사람이 상승을 노래하면 하락이 곁에 와 있다고 생각하라는 것이다.

그런데 이 감성적 전조 현상이 의외로 잘 맞아떨어진다. 내 주위에도 늘 비관론을 펴는 친구가 있다. 이 친구를 잘 이용하면 얼추 흐름을 읽을 수 있다. 그렇게 시장의 하락을 걱정해야 한다고 얘기하던 친구가 어느 날 비관론에서 낙관론으로 돌아섰을 때, 그 시점이 상투에 가까웠던 적이 많았다.

내가 이 감성적 전조 현상 파악에 관해 자주 하는 말이 있다. "마지막 비관론자가 낙관론으로 바뀔 때가 상투이다." 여러분도 잘 살펴보시라. 주위에 줄곧 비관론을 펴오던 사람이 갑자기 낙관론으로 변했는지를…. 그렇다면 조심해서 나쁠 것은 없다. 대비하고 있는 사람은 그 어느 순간에도 충격이 덜하다.

상승의 몽롱함을 경계하라

우리가 살아가면서 기쁠 때나 슬플 때나 술을 찾는 경우가 많다. 투자를 잘해서 생각지도 않던 수익이 생기거나 투자에 실수해서 큰 손해가 나도 대개의 경우 술을 찾는다. 나도 예외는 아니어서 젊은 시절 술을 무척 많이 마셨던 기억이 난다. 술을 마셔야 하는 이유는 늘 차고도 넘쳤다.

술은 기호품이니 사람마다 좋아하는 술의 종류와 취향도 다를 것이다. 소주와 맥주는 우리나라를 대표하는 술이다. 최근엔 전통주인 막걸리에 대한 수요도 많이 늘어났지만, 맥주와 소주의 칵테일인 '소맥'은 요즘 표현으로 K-칵테일이 분명하다. 여기서 칵테일 이야기를 좀 해야겠다. 그중에서도 '마티니'라 불리는 칵테일 얘기다. 마티니는 진을 베이스로 베르무트를 섞어서 만드는 칵테일이다. 해외 출장을 나갔을 때, 시차 때문에 억지로 잠을 청해야 했을 때마다 호텔 바에서 몇 잔씩 마셨던 추억이 있다.

그런데 이 예쁜 칵테일 이름 뒤에 쇼크를 붙이면 아주 무서운 물건이 된다. 일명 '마티니 쇼크'다.

워낙 노는 것을 좋아했던지라 한 때는 스쿠버 다이빙에 흠뻑 빠져 지냈다. 세계 유명 다이빙 포인트는 다 다녀 보았다. 그러면서 스쿠버 다이빙의 최상위 등급인 인스트럭터(Instructor) 자격도 획득해 수심 45m까지 다이빙을 즐기고는 했다. 나처럼 잠수 장비를 갖추고 하는 잠수를 스쿠버 다이빙이라고 부르고, 장비 없이 맨몸으로 하는 잠수를 스킨 다이빙이라 한다. 대표적인 스킨 다이빙에는 우리나라 해녀분들의 수중 채집이 있다. 숨을 크게 들이마시고 잠수를 해 숨을 참은 채로 수중 활동을 하고, 숨이 차오르면 다시 수면으로 올라와 참았던 호흡을 한꺼번에 내뱉는 방법이다.

바로 이런 스킨 다이빙 과정에서 발생할 수 있는 것이 '마티니 쇼크'이다. 잠수 시간이 길어지면 거듭 숨을 참게 되어 몸 안에 이산화탄소가 축적되고, 이는 여러 가지 신체적 이상 반응으로 나타난다. 대개의 경우 머리에 강한 두통을 느끼는 경우가 일반적인데 아주 드물게 그 통증을 몽환적으로 느끼는 경우가 있다고 한다. 마치 마티니를 몇 잔 연거푸 마신 것처럼 말이다. 통증과 몽환적 느낌의 경계를 넘나드는 상황이 반복된다. 그럴 때 잠수를 멈추고 휴식을 취하면서 정상적인 호흡을 하면 이내 괜찮아지지만, 이 느낌을 잘못 이해하거나 그 느낌에 취해서 계속 잠수하다 보면 목숨까지도 잃게 되는 무서운 잠수병이다.

주식 시장에도 이런 마티니 쇼크가 있다. 조심하지 않으면 엄청나게 비극적인 결과를 가져오는 것도 닮았다. 시장이 상승세를 타면 내가 가진 주식이 계속 오르기 때문에 이러한 상승이 계속될 것이라고 생각한다. 정확히 말하면 계속 오르기를 바란다. 그러한 바람이 이루어지는 것처럼 보이면 이제는 그 결과를 확신하기 시작한다. 이때는 조심해야 한다는 조언도 귀에 들리지 않는다. 자신이 주식 투자에 상당한 재능이 있다고 생각하거나 엄청난 행운이 자신에게 다가왔다고 굳게 믿게 된다. 상승의 몽롱함에 빠지는 것이다.

나는 이것을 주식 투자에서 겪는 마티니 쇼크라고 부른다. 강제로 누군가 멈춰주거나 아니면 죽어야 끝나는 마티니 쇼크. 이 무서운 현상은 주식 시장에도 존재한다. 잊지 말자. 우리 모두 상승에 겸손해야 한다. 내가 잘나서가 아니라 시장이 나를 여기까지 잘 데려다주었다고 감사해야 한다. 그래야 절제가 된다. 절제하지 못하면 몽롱함에 취해 급기야 목숨을 잃는 잠수부와 같은 결과를 초래한다. 지금 여러분이 상승의 몽롱함에 취해 무서운 마티니 쇼크 상태를 모르고 있지는 않은지 돌아보시라. 잠시 쉬면서 호흡을 고르면 씻은 듯이 사라지는 간단한 일이다.

중장기 투자와 단타, 누가 이길까?

주식 투자를 중장기로 하는 것과 단기로 하는 것 중 어느 것이 더 많은 수익을 올리는가는 아주 오래된 논쟁거리다. 이 얘기를 하기 전에 중장기 투자와 단기 투자에 대한 정리를 먼저 해보자. 중장기 투자는 성장 가능성이 큰 기업의 주식에 투자한 후 그 기업 성장의 과실을 주주로서 함께 나누는 개념이다. 이렇게 되려면 우선 그런 기업을 찾아내는 혜안이 있어야 한다. 우리는 중장기 투자 성공의 대표적 사례로 삼성전자를 자주 소환한다. 그런데 과거에 삼성전자 주식을 장기 보유하면 놀라운 수익을 볼 거라 확신하는 이는 그리 많지 않았던 게 사실이다. 그래서 많은 투자자들이 삼성전자를 사고팔고를 거듭하면서 나름의 수익을 만들어 갔지만, 한 종목을 종갓집 씨간장처럼 오래 보유하겠다고 생각하는 것은 정말 쉽지 않다.

주식을 매수한 후, 주가의 짧은 오르내림에 신경 쓰지 말고 긴 시간 그냥 버티면 자연스레 장기 투자가 되지 않느냐고 물을 수도 있다. 그러나 그것은 사실 놀라운 결과가 나온 뒤에야 할 수 있는 말이며 일반화하기는 어렵다. 더구나 우리나라 시장에서 우량기업이라고 평가되는 기업의 주식을 장기 보유하는 것이 반드시 삼성전자와 같거나 유사한 결과를 가져온다고 말할 수 없다. 오히려 주가가 깊은 수렁에 빠져 투자자들을 애먹이는 기업의 주식도 제법 있는 게 실상이다.

과거 우리 경제가 큰 폭을 그리며 폭발적인 성장을 이어갈 때라면 이럴 가능성이 높겠지만, 요즘의 우리 경제 성장을 볼 때는 쉽지 않다는 의견도 상당하다. 증시 격언에 '딸을 낳으면 앞마당에 오동나무를 심는다.'라는 말이 있다. 그 딸이 자라서 시집을 갈 때 그 오동나무를 켜서 장롱을 만들어 딸과 함께 보낸다는 것이다. 그러니 주식 투자는 그렇게 아주 장기로, 농부의 마음으로 하라는 투자에 관한 조언이기도 하다.

그러나 이렇게 칭송받는 중장기 투자에도 어려운 점은 여전히 있다. 주식의 영원한 숙제인 매수 타이밍에 관한 것이다. 아무리 좋은 주식도 한참 주가가 오른 후에 매수하면 기대하는 수익을 얻기가 어렵다. 2020년 코로나19와도 같은 엄청난 충격이 시장을 급락으로 끌고 내려갈 때 혼비백산 달아날 게 아니라, 그 순간을 좋은 주식을 싸게 살 기회로 활용하면 대부분 훌륭한 결과를 얻을 수 있다. 더구나 해당 기업의 미래 발전 가능성이 크다면 더는 망설일 필요가 없다. 이미 우리는 그 결과를 확인하고 있다. 보통 주식을 사서 1년 이상 보유하면 나는 중장기 투자로 인정한다. 사람마다 기준에 차이가 있기에 다를 수는 있겠지만, 우리나라 시장의 현실을 감안하여 정한 기준이다.

시장에 참여하는 투자자들은 모두 같은 것 같지만, 사실은 여러 가지 다른 투자 조건 안에서 시장에 참여하게 된다. 최근 조기 퇴직 바람을 타고 적지 않은 투자자들이 생계형 투자자가 되었다. 즉, 퇴직금 등의 종잣돈을 가지고 주식 투자를 해서 매달 생활비를 벌어야 하는 투자자들을 생계형이라 부른다. 이런 투자자들은 장기 투자를 하고 싶어도 상황이 허락하지 않는 경우가 많다.

십 수년간 돈이 생길 때마다 삼성전자를 사모아서 부자가 되었다는 분에겐 경의를 표한다. 그리고 젊은이들이 매달 적금처럼 노후를 위한 우량주식을 모아가는 투자 형식 또한 적극적으로 찬성한다. 중장기 투자는 다양한 시장의 부침은 거들떠보지 않고 진행해야 하는 시간 싸움이다. 최근엔 전 세계적으로도 산업 간의 주도 변화가 무척 빠르다. 이러한 변화에 빠르게 적응하면서 주도 산업을 이루어 나가는 기업이 있는가 하면, 화려한 과거에 매달려 새로운 변화에 적응하지 못하고 평범한 기업으로 전락하는 경우도 있기 때문이다. 그렇지만 중장기 투자의 어려움이 많아졌나고 하더라도 우리는 계속해서 또 다른 삼성전자를 찾아야 할 것이다.

단기 투자를 일컫는 소위 '단타'는 매수부터 매도까지의 시간이 짧은 매매를 말한다. 아주 짧게는 매수 당일에 매도를 하는데, 그 시간이 단 몇 분, 혹은 몇 시간 만에 팔아 버리는 경우도 있다. 요즘은 '데이 트레이딩'이라 불리는 아예 그날로 매매를 다 정리해 버리는 단기 투자도 꽤 이루어진다. 일반적으로 수개월 정도 보유하다 매도하는 것까지 단기 투자로 칭한다. 많은 전문가들이 주식 입문자들에게 투자 방법에 관해 조언할 때, 대부분 단타를 치지 말라고 말한다. 그래서 중장기 투자는 착한 투자고 단기 투자는 나쁜 투자라고 생각하는 투자자가 많을 것이다.

이런 조언은 아마도 단기 투자가 리스크를 높게 잡고, 뇌동성 매매가 많다는 점에서 초보 투자자에게 우려의 메시지를 전달하려는 의미에서 시작된 것 같다. 나도 1970년대 증권회사에 신입사원으로 연수를 받을 때, 귀에 못이 박히게 단타는 위험하다는 교육을 받았다. 그런데 정작 실무에 투입되어 살펴보니 그건 교육용이고 실제로는 그렇지가 않더라는 것이다. 보통 보유 기간 1~2개월 이내에 매매가 이루어지고 있었다. 점점 경력이 쌓이면서 단기 투자는 나름의 매력적인 부분도 있지만, 초보 투자자에겐 어려운 영역이라는 생각이 들었다. 그리고 장기 투자는 좋은 투자고 단기 투자는 나쁜 투자라는 말도 맞지 않는다는 것을 알았다.

투자의 경험이 늘어나면서 투자자들은 자연스럽게 다양한 투자 방법과 투자 대상을 접하게 된다. 그리고 자신의 투자 상황과 성향에 맞는 투자 방법을 찾아가게 되고 자신만의 투자 방법을 완성해 나간다. 최근엔 법적으로 인정된 범위 안에서 행해지는 모든 매매 형태는 나름대로 다 의미를 가진다는 주장도 있다. 나는 장기 투자 와 단기 투자를 마치 포트폴리오에 서로 다른 종목을 채택하듯 자 신의 투자 철학에 맞게 적절히 구성하면 된다는 생각이다.

사람에 따라서 투자 성향은 천차만별이다. 주식 투자를 시작하면 서부터 단기 투자만을 해 온 사람도 있고 10년 이상을 가져가 부자 가 된 사람도 있다. 같은 10년을 보유했어도 투자 수익이 초라한 사 람도 있다. 나는 흰 고양이든 검은 고양이든 쥐만 잡으면 된다고 생 각하는 사람 중에 하나다. 너무 고집스럽게 생각 말고 시장 상황에 맞추어 장기 투자와 적절한 단기 투자를 병행해 보는 것은 어떨까? 그 정도의 융통성을 허락하지 않는다면 주식 투자 성공하기가 더 어렵지 않을까?

과감한 배팅의 미덕

"지나가게 치지 않으면 절대 들어갈 수 없다."

골프에서 나온 얘기이다. 드라이버가 쇼라면 퍼팅은 돈이라고 말한다. 골프를 친 지 꽤 되었는데, 워낙 재주가 없어서인지 늘 퍼팅은 어렵다. 그런데 나름대로 패턴을 분석해 보자면, 아직도 초보자들이 많이 한다는 홀컵에 못 미치는 퍼팅이 많다. 공이 홀컵 위를 지나가야 들어가는데, 대부분 홀컵 앞에서 멈춰 선다. 일명 '공무원 퍼팅'이다. 소심하단 뜻이다.

서두에 인용한 문장은 프로 골퍼 '샘 스니드'가 한 말이다. 그는 나중에 별 뜻 없이 한 말이라고 밝혔지만, 워낙 스타가 던진 말이다 보니 금과옥조가 되었다. 결국은 '도전하지 않으면 아무것도 얻을 수 없다.'라는 이야기다.

그럼 왜 초보자들은 주로 모자라게 퍼팅을 할까? 혹시라도 너무 강하게 쳐서 홀컵을 지나가면 다시 적어도 한 타 이상은 더 쳐야 한다는 두려움 때문이다. 안전성을 너무 생각하다 보니 홀컵에 못 미치게 치는 것이다.

골프는 공을 홀컵에 넣어야 이기는 스포츠이다. 홀컵에 공을 넣으려면, 우선 공이 홀컵 위를 지나가야 한다. 주식 투자에서도 그렇다. 너무 매매의 안전성을 염두에 둔 나머지 늘 홀컵에 못 미치는 퍼팅 같은 매매를 하는 분들이 많다. 아주 세게 쳐서 홀컵을 훌쩍 넘어가거나 어림없이 모자라게 치는 것과 같다. 좋은 종목을 조언해 줘도 한 호가 차이로 못 샀다고 한다.

물론 주식 매수 주문을 낼 때 뇌리에 여러 가지 생각이 스치기 마련이다. 혹시 잘못 사는 건 아닌지, 내가 사고 나면 그때부터 떨어지는 건 아닌지. 그리고 가능하면 싸게 사려고 타이밍을 재다가 한 호가 차이로 놓치고 바로 상승해 버리는 경우가 있다. 이런 일이 반복되면 이익을 내기 힘들다.

주식 투자에서 안전성은 무척 중요하다. 특히 경험이 적은 초보 투자자라면 많이 버는 것도 중요하지만, 우선 손해를 보지 말아야 한다. 이럴 때는 먼저 내가 선정한 기업에 대한 신뢰가 있는지 다시 한번 점검해 볼 필요가 있다. 그 기업의 미래에 대한 믿음을 충분히 가지고 있어서 작은 등락에 흔들리지 않을 자신이 생겼다면 과감하게 사시라.

나는 이런 경우 이렇게 조언한다. 우선 사려고 했던 금액의 20% 정도 범위 안에서는 과감한 금액으로 사라. 그런 다음 주가가 오르면 1차에서 싸게 사서 좋은 일이고 만약에 떨어진다면 2차에는 1차보다 싸게 사서 좋다고 생각하면 된다. 너무 안전성만 생각한다면 주식 투자가 아닌 다른 투자를 선택했어야 한다고 생각한다.

지금 안 사면 바보!

앞에서도 언급했듯이, "베개 속 돈은 더 이상의 즐거움을 주지 못한다!"는 지금이 투자의 적기라는 의미로 월스트리트에서 자주 쓰는 말이다. 지금이 주식 투자의 적기인가? 우량주를 오랫동안 모아야 부자가 된다고 하는 사람들은 시점을 따지지 말고 사야 한다고 말한다. 그런데 그놈의 우량주를 어떻게 알 수 있냐는 것이다.

지금은 삼성전자가 우량주가 아니라는 사람을 찾아보기 힘들지만, 15년 전에 삼성전자는 우량주이니 묻지도 따지지도 말고 사라고 했을 사람 숫자는 지금과는 사뭇 달랐을 것이다. 또 15년 후에도 삼성전자가 최고 주식의 권좌를 유지할 거라는 보장은 어디에도 없다. 삼성전자를 갖고 계신 분들에겐 죄송한 얘기지만 삼성전자가 나빠진다는 게 아니라, 앞으로 변화의 속도는 우리의 상상을 초월할 정도로 빨라질 것이고 그에 따른 산업의 변화도 우리 인식의 속도를 뛰어넘는 수준일 것이라는 이야기다.

그런데 우리가 말하는 지금이 주식을 살 적기냐는 질문에는 사실 여기가 바닥이냐는 뜻이 내포되어 있다. 그러니까 지금 사면 내일부터 즐거운 상승을 할 것이냐는 물음이다. 이러니 즉답을 하기가 어렵다. 주가는 신도 모른다는데 말이다. 아무튼, 이 질문은 주식 투자의 성패를 가르는 아주 중요한 질문인 것은 분명하다. 질문은 있는데 답은 없는 질문인 셈이다. 이럴 때 이렇게 조언한다. 조금 비싸게 사더라도 본격적인 상승의 신호를 확인한 뒤 매수하라고. 반응을 보면 무슨 말 같지도 않은 말이냐는 표정이다. 하지만 신의 경지에 도전하지 않는 한 최고의 답변이라고 생각한다.

'무릎에 사서 어깨에 팔라'는 말이 있다. 바닥과 상투를 어설프게 예측해서 행동하지 말라는 뜻과 지나친 욕심을 절제하라는 뜻이 함께 담긴 주식 투자 명언이다. 어떤 사람들은 자신이 팔자마자 기가 막히게 주가가 하락했다는 무용담을 얘기한다. 정말 대단하다. 그러나 나에겐 지하철 선로에 떨어진 5만 원을 얼른 뛰어 내려가 주워 왔다는 말 정도로밖에 안 들린다. 무릎을 찾으면 무릎에 살 수 있지만, 바닥을 찾으면 어깨에 산다는 사실도 함께 기억해야 한다.

내가 삼보증권 영업부에서 증권사 신입 직원 시절을 보내고 있을 때인 1970년도 후반기는 건설주의 전성시대였다. 중동 해외 건설 붐을 타고 종목 이름에 '건설'자만 있으면 무조건 상승하는 시기였다. 그래서 '건설화학'이라는 업체가 건설주인 줄 알고 매수가 몰려 주가가 상승했던 일은 두고두고 회자가 된다. 이 회사가 제비표페

인트로 유명한 지금의 '강남제비스코'이니 건설과 전혀 관련이 없지는 않았다.

그 당시 건설업종을 대표했던 '동아건설'은 많은 투자자들의 사랑을 받는 종목이었다. 액면가 500원인 주가가 8,000원대를 오가고 있었다. 당시는 증권사 객장에 많은 상주 투자자들이 자리를 잡고 앉아서 종일 음성으로 중계되는 주식 체결 상황을 듣고 있었다. 각 증권사들은 이 중계되는 체결 상황을 객장에 설치된 대형 칠판에 종목별로 빠르게 써 주는 서비스를 진행했다. 정말 요즘으로 말하면 '생활의 달인'에 나와야 할 수준으로, 그 많은 종목들 사이에서 해당하는 종목을 찾아 거의 실시간으로 적어 내려갔다. 더 놀라운 사실은 어제 종가보다 오르면 빨간 분필로, 떨어지면 파란 분필로 현재 시세를 적어 나갔다는 것이다.

객장에 상주하는 고객의 경우 거의 매일 만나다 보니, 주요 고객은 정말 가족 같기도 했다. 그중에 K회장님으로 불렸던 고객에 얽힌 이야기를 할까 한다. 그분은 주식 투자 규모도 제법 커서 비교적 '큰손'에 속했다. 성격도 아주 호탕해서 기대보다 수익이 더 나면 자신의 계좌를 관리해 주는 직원에게 당시에는 쉽지 않았던 볼링공을 선물하기도 하는 그런 분이었다. 모든 주식이 그렇듯이 끝을 모를 것 같던 건설주 광풍은 1970년대 말로 접어들며 무너지기 시작했다. K회장님은 동아건설 주식을 많이 보유하고 있었다. 8,000원이던 주가는 이내 4,000원 대로 내려앉아 반 토막이 났고, 시장에선 지금 이 주식을 사지 않으면 바보라고들 했다. 그분은 우리가 잘 아는 소위 '물타기'를 했다. 이제 바닥이니 매수 단가를 낮춰 보겠다는 전략이다. 조금 올라가는 듯 보이던 주가는 다시 떨어지기 시작하더니 급기야는 2,000원 대로 더 내려앉았다. 세상에 이렇게 쌀 수가 없다며 시장은 또 흥분하기 시작했다.

주가가 폭락하자 그렇게 직원들 점심도 잘 사주시던 K회장님이 점심시간에 자리를 뜨지 않았다. 점심시간에 객장에 혼자 앉아서 코트 속에서 무언가를 꺼내서 입으로 가져갔고, 마침 점심시간 당번이던 나는 그 모습을 보고 말았다. 주머니 속에 있는 크림빵을 조금씩 꾹꾹 눌러 떼어내서 그것으로 점심을 때우는 것이다. 텅 빈 객장 소파에 혼자서.

가슴이 답답했다. 같이 점심시간 당번인 직원에게 따뜻한 차 한 잔 가져다 드리라고 부탁했다. 내가 할 수 있는 전부였다. K회장님은 손실을 만회하고자 2,000원 대에서 신용 매수를 했다. 그리고 얼마 지나지 않아 주가는 액면 500원을 지키지 못하고 무너져 내렸다. 나는 다른 부서로 인사이동을 했고, 그 후로는 명동 증권가에서 K회장님의 소식과 모습은 볼 수가 없었다.

지금 안 사면 바보라고? 차라리 조금 덜 벌고 바보가 되는 게 낫다. 지금 안 사서 바보가 되는 일은 없다. 하락 진행 후의 매수는 주가의 상승 기조를 확인하고 해도 충분하다. 바닥을 치고 상승을 확인한 후에 매수하는 게 바로 무릎에 매수하는 것이다. 바닥에서 사려고 서두르면 거기가 어깨나 목 근처일지도 모른다. 주식 시장에서는 지금 안 사도 바보가 되지 않는다.

연예인의 주식 투자

유명한 연예인이나 스포츠 스타들이 주식 투자를 잘못해서 쫄딱 망한 스토리는 이제 더는 신기하거나 신선하지 않다. 그런데도 각종 방송 매체에선 아직도 줄기차게 연예인 주식 투자 폭망 사연을 자주 다룬다. 주식 시장이 아주 활황이거나 깊은 침체 기간을 지나갈 때 주로 많이 다룬다.

내 입장을 먼저 말하자면, 방송국들이 더는 연예인 주식 투자 실패담을 방송하지 않았으면 한다. 이젠 새로울 것도 없어 시청률도 안 나오고 자칫하면 연예인은 다 저렇게 바보인가 하는 잘못된 인식도 줄 수가 있다. 그런 방송에 나와서 자랑스럽게 나는 얼마까지 손해를 봤다는 경험담을 별로 심각하지 않게 털어놓는 짓도 이제는 그만했으면 한다. 주식 잘못해서 망한 게 무슨 자랑이냐는 말이다. 그래서인지 아직도 많은 사람들이 주식 하면 패가망신한다고 얘기한다. 무슨 소리인가. 내 주변에는 주식 잘해서 부자 된 사람이 많기만 하다. 그냥 돈 좀 번 수준을 넘어 동네 부자 정도가 된 사람들도 꽤 있다.

나도 경제방송 앵커 시절에 연예인들과 함께 주식 투자에 관한 특집 방송을 몇 번 한 경험이 있다. 우선 출연하는 연예인은 주식으로 큰 손해를 본 경험이 있어야 한다. 그래야 스토리가 구성된다. 그러니 피디나 작가들은 주식 투자해서 폭망한 경험이 있거나 그렇다고 소문난 연예인을 섭외하려고 난리도 아니다. 그런데 투자 실패를 간증하는 연예인이 누구인지 오히려 시청자들이 더 잘 알고 있다. 따지고 보면 몇 사람이 돌아가며 여기저기 출연해서 자신의 주식 투자 실패담을 떠드는 것이다. 여기에 반드시 함께 출연해야 하는 패널이 소위 말하는 주식 전문가이다. 실패한 경험을 가진 연예인은 무용담처럼 자신의 실패에 열을 올리고 전문가는 정말이지 공자 마빡 치는 것 같은 훈수를 한다. "어려서부터 부모님 말씀 잘 듣고 열심히 공부하면 나중에 훌륭한 사람이 될 수 있습니다." 뭐 이런 수준의 훈수가 이어지는 것이다.

전체 연예인 중에 주식 투자 실패한 사람의 비율이 일반인보다 더 많을까? 그렇지 않을 수도 있겠다는 생각이 든다. 방송적인 재미를 극대화하기 위해 방송이 만들어 낸 픽션 같은 다큐일 뿐이다. 주식 투자에 실패한 경험을 얘기해야 하는 당사자는 신나서 자신의 실패를 설명한다. 투자한 돈이 반 토막이 아니라 고등어 토막이 났단다. 3분의 1만 남았다는 얘기다. 한술 더 떠서 갈치 토막이 났단다. 애초 투자금의 6분의 1, 7분의 1 그러니까 폭망했다는 증언이다.

그런데 내가 아는 연예인이나 스포츠 스타 중에는 주식으로 자산을 늘린 사람이 의외로 많다. 앞에서 말한 폭망 사례는 그들이 연예인이라서 주식 투자에 실패한 것이 아니고 그냥 투자를 잘못해서 손해를 본 것이다.

그들이 실패의 경험을 분석해서 하는 얘기를 정리하면 이렇다. 우선 주식 시장을 모른다. 돈을 내고 주식을 사고판다는 것 빼고는 별로 아는 게 없다. 투자하는 종목 선정도 주변의 지인이 추천해 줘서 샀단다. 워낙 스케줄이 바빠서 자신이 고를 수가 없단다. 심지어는 자신이 산 종목이 뭐 하는 회사인지도 잘 모른다. 회사의 자본금은 얼마인지, 회사 재무 상태나 영업 현황이 어떤지는 당연히 알 턱이 없다. 본인의 재산을 투자하는데 일정이 바빠서 종목조차 고를 수 없다면 주식 투자를 하지 말아야 한다. 그리고도 주식 투자에 성공한다면 오히려 그게 더 이상한 노릇이다. 연예인이라서가 아니라 그냥 주식 투자를 하면 안 되는 사람이 투자를 한 것이다.

얼마 전에 연예인으론 드물게 자신의 주식 투자 성공 사례를 방송에서 털어놓은 분이 있었다. 배우 전원주 씨다. 1987년 당시 광고 출연료로 받은 550만 원으로 주식을 해서 3,000만 원의 수익을 올렸단다. 당시는 1년에 종합지수가 100% 가까이 상승했던 시절이니 충분히 가능했을 것이다. 더 놀라운 것은 1998년 그 유명한 국제전화 광고를 찍고 받은 돈 5,000만 원으로 주식을 사서 아직도 그 주식을 가지고 있단다. 놀라지 마시라. 그 주식은 바로 'SK하이닉스'이다. 그 당시 가격은 2만 원 근처였다.

특정 직업인이 직업적 특성 때문에 주식 투자에 실패한다는 것은 게으름을 가리려는 핑계일 뿐이다. 어떤 직업의 투자자냐가 중요한 게 아니다. '어떻게' 투자하느냐가 중요한 것이다. 직업이 무엇이던, 학력이 어찌 됐건 원칙을 안 지키고 쉽게 돈을 벌려고 하면 손해만 주는 곳이 주식 시장이다.

PART 3

무엇을 살 것인가?

코로나 이후 라이프 스타일에 주목하라

우리가 살아가는 세상은 늘 트렌드가 바뀐다. 이 바뀌는 트렌드를 남보다 먼저 인지하고 소화하는 사람을 두고 우리는 유행에 민감하다고 평한다. 아마도 우리 인간은 지루함을 못 견디는가 보다. 아주 커다란 변화는 두렵고 싫지만, 소소한 변화는 즐기기 때문이다. 작은 변화가 일어나야 그 속에서 즐거움을 찾는다.

코로나 팬데믹 같은 경우는 원치 않았던 변화였지만, 워낙 커다란 충격이었기에 받아들일 마음의 준비 여부와 관계없이 우리를 새로운 시대의 흐름 속으로 밀어 넣었다. 황사와 미세먼지가 심할 때에도 마스크 쓰기를 꺼렸던 사람들도 이제는 마스크가 몸 일부분이 되었다. 그리고는 코로나 팬데믹이 가져온 후속적인 여러 가지 트렌드가 우리 생활을 점령했다. 굳이 그런 유행을 따르지 않겠나고 저항해 봤자 자신만 손해다. 선택의 여지가 없는 것이다.

그런데 이 코로나19가 주식 시장에도 엄청난 변화를 가져왔다. 우리나라 주식 시장을 코로나19 이전(Before Covid19) 시장과 코로나

19 이후(After Covid19) 시장으로 나누어 새로운 BC/AC라 부르기도 한다. 우리가 살아가는 소소한 문제들의 변화가 해석되고 가공되어 주가 변동으로 나타나는 곳이 주식 시장이다.

가장 큰 변화는 동학 개미로 불리는 개인 투자자들의 탄생이다. 물론 예전부터 개인 투자자들의 시장 참여가 없는 일은 아니었지만, 지금처럼 시장의 큰 흐름을 담당하는 주요 세력으로 등장하게 된 것은 우리나라 역사상 유례없는 사건임이 분명하다. 그 원인은 저금리와 부동산 투기에 대한 강력한 억제 정책 같은 것들이 주식 시장으로의 자금 쏠림 현상을 가져 왔고, 코로나 팬데믹에 따른 큰 폭의 주가 하락이 개인 투자자들의 시장 참여에 매력을 더한 것에 있다.

주식 투자가 새로운 재테크 트렌드가 되어, 이제는 주식이 더는 일부 개인들의 투기로 느껴지지 않게 되었다. 사람들은 모이면 주식을 화두로 삼았고, 이는 다시 새로운 트렌드를 만들어 내며 주식 시장으로 진입하는 개인들의 숫자를 늘렸다. 2020년 개인 투자자들의 매수총액과 고객예탁금의 증가로 볼 때, 족히 100조 이상의 개인 자금이 증시로 몰려들었다. 부동산 시장으로 몰리는 개인들의 자금에 비하면 아직 시작 단계라고도 볼 수 있지만, 앞으로 이렇게 새로 유입된 개인 투자자들의 자금이 어떻게 양질의 주식 시장의 투자 주체로 자리 잡아 가느냐는 숙제는 아직 남아있다.

코로나19가 야기한 라이프 스타일의 변화는 곧바로 주식 시장에서도 반응을 가져왔다. 대표적인 현상이 언택트 문화의 정착이다. 즉, 비대면 방식이 새로운 표준으로 자리 잡아가고 있다. 우리나라의 오랜 전통이었던 장례식과 결혼식 모습이 바뀌고 있다. 이제는 결혼식 청첩장도 모바일 청첩장이 대신한다. 당연히 인쇄업은 타격을 입고 전자 청첩장에 딸려 있는 축하문자와 축의금 송금 시스템은 관련 산업 주가를 끌어 올릴 수밖에 없다. 건강의 중요성이 강조되니 헬스케어 관련 산업의 주가가 오르고, '일은 직장에서 휴식은 가정에서'로 구분되던 일과 휴식의 분리도 경계가 모호해지면서 유연 재택근무라는 새로운 형태의 근무체계가 만들어졌다.

비대면이 대세가 되고 여러 사람이 모이는 집합금지가 강화되면서 혼밥, 혼술이 증가했다. 또한 사적 모임 자제가 자영업 종사자들에겐 치명타를 입혔지만, 주요 식음료업계 주식들의 주가 상승을 가져왔다. 대부분의 쇼핑이 비대면으로 이루어지니 여기에 관련된 산업의 주가가 상승하는 것은 지극히 당연한 결과이다. 전문가들은 코로나19가 진정된 후에도 기존 라이프 스타일에 상당한 변화가 올 것이라고 얘기한다. 즉, 우리의 생활 트렌드가 바뀌고 있다는 것이다.

또 하나의 변화는 지구 환경 보존에 대한 것이다. 팬데믹과 함께 찾아온 환경 보존 및 개선에 대한 관심은 미국 민주당 정권 출범과 함께 가속화 되고 있다. 테슬라가 시동을 건 전기 자동차는 전 세계 자동차 시장의 방향을 단번에 바꿔 버렸다. 이제 더는 내연기관 자동차를 만들지 않겠다는 자동차 제조업체의 선언이 줄지어 나오고 있다. 그러다 보니 통칭 '2차전지'로 불리는 자동차용 배터리 생산 업체가 초우량주가 됐고, 한 걸음 더 나가 자율주행에 대한 기술이 추가되면서 이 상승세는 통신, 반도체 등으로 확산되고 있다.

주식 투자에 있어 아주 중요한 성공 팁 중 하나는 이러한 트렌드의 변화를 기민하게 읽고 빠르게 그 흐름에 동참해야 한다는 것이다. 주식 투자는 유행의 첨단을 걸어야 성공할 수 있다. 그 흐름에 늦게 올라탈수록, 아니면 흘러간 옛날 유행을 뒤적이면 뒤적일수록 실패할 확률은 높아진다.

우리나라 주식 시장은 세계적으로 봐도 참 매력적이다. 우선 우리나라 시장에서 시가총액 상위에 자리한 기업들의 위상이 대단하다는 것이다. 반도체도 그렇고 전기차 시장의 성장과 함께할 2차전지 생산 기업이 그렇고 자동차 회사를 비롯한 바이오 기업도 그렇다. 이 모든 기업이 미래의 성장성과 더불어 현재의 수익성 또한 자랑할 만하다. 모두 세계 최상위 수준이라는 이야기다. 그동안은 타국 증시와 비교하면 저평가를 받아왔지만, 이제부터는 새로운 시장을 만들어 나가기에 충분하다. 이런 매력적인 시장에서 이런 매력적인 트렌드의 한가운데 있는 기업들을 놔두고 어디에 투자한단 말인가. 우리 시장은 이미 새로운 흐름을 선도할 기업들로 구성되어 있다.

미래를 보고 유행을 읽어라. 그리고 그 기업에 투자하라.

나의 종목 선정 필살기

주식 투자에 성공하기 위한 요건은 첫째도 종목, 둘째도 종목, 셋째도 종목이라고 해도 틀린 말은 아니다. 매매 타이밍이 중요해서 주식 투자는 타이밍의 예술이라고까지 말하는 사람도 있지만, 종목을 잘 골랐다면 시간이 걸리더라도 기다리면 된다. 하지만 엉뚱한 종목을 사게 되면 투자 결과는 엉망이 되고 심지어는 상장폐지가 돼서 원금을 모두 날리기도 한다. 그러니 주식 투자에서 종목 선정을 잘해야 한다는 것은 아무리 강조해도 지나침이 없다.

이런 이유로 내가 가장 많이 받는 질문도 "뭘 살까요?"이다. '필살기'를 검색해 보면 '사람을 확실히 죽이는 기술'이라고 설명되어 있다. 아마도 무협 소설에 등장하는 무술 고수들이 한방에 확실하게 적을 죽이듯이 주식의 고수가 단번에 투자 종목을 뽑아내는 것을 빗대어 '주식 투자 필살기'라고 하는가 보다.

이런 제목의 방송 프로그램을 나도 진행한 적이 있다. 제목 때문인지 시청률도 제법 나왔다. 그런데 사실은 프로그램 진행 방식에 그 이유가 있었다. 미국 월스트리트에서 투자 전문가와 침팬지가 종목 선정 게임을 벌였는데, 침팬지의 선정 종목이 더 수익률이 높았다는 얘기가 있다. 종목 선정의 어려움을 강조하려는 의도의 얘기라고 생각했는데 갑자기 프로그램에서 확인하고 싶었다.

방송국 스튜디오에 침팬지를 출연시킬 수가 없어서 내가 직접 침팬지 역할을 하기로 했다. 어떻게 할까 고민하다가 아주 간단한 방법을 찾아냈다. 탁구공 50개를 준비하고 그 탁구공에다 숫자를 적었다. 1부터 30까지는 검은색으로, 그리고 또 1부터 20까지 빨간색으로 적어서 커다란 아크릴 박스 안에 넣었다. 검정색은 코스피 시가총액 순위 30종목, 빨간색은 코스닥 시가총액 순위 20종목으로 정했다. 그리고 생방송에서 내가 다른 곳을 쳐다보며 손을 아크릴통 안에 넣고 휘휘 돌리다 탁구공 3개를 짚어내는 것이다.

물론 상대는 내로라하는 전문가들이 추천하는 종목 3개이다. 그리고는 일주일 후에 수익률을 평가하는 것이다. 이러니 그 프로그램이 재미가 없을 수가 없다. 그런데 놀라지 마시라. 침팬지 대역을 한 내가 무작위로 고른 종목들의 수익률이 전문가들보다 더 좋은 경우가 훨씬 많았다는 사실이다.

사실 시작하기 전 출연하는 전문가 중에는 반대하는 사람도 있었다. 나야 그냥 침팬지 역할만 하는 것이라는 설득으로 시작할 수 있었지만, 전문가 체면이 말이 아니다. 한마디로 전국적으로 쪽팔린 것이다. 결국 그 프로그램은 오래 하지는 못했다. 다들 출연을 회피

했기 때문이었다. 도대체 난다 긴다 하는 전문가들은 왜 침팬지처럼 종목을 고르는 나보다 수익률이 더 작았을까? 여기에는 주식 투자의 아주 중요한 핵심 이론이 숨겨져 있다. 나도 긴 시간 증권직에 종사했지만, 따로 종목 선정의 필살기를 가지고 있는 것은 아니다. 나도 아직 실수한다. 물론 일반적인 투자자들보다 실수 확률이 적고 실수를 대처하는 방법에 많은 차이가 있기는 하지만 말이다.

우리가 주식 종목을 고를 때 무엇을 감안해야 할까? 따지고 들자면 너무 많고 복잡하다. 그러나 복잡하면 복잡할수록 단순화시키는 작업을 잘해야 주식 투자를 잘할 수 있다. 보통 우량주라는 종목은 기업이 돈을 잘 벌고 있어야 하고, 앞으로도 잘 벌 수 있어야 하고, 현재 기업의 내용이 튼튼해야 한다. 이것을 다른 말로 표현하면 수익성, 성장성, 안전성을 고루 갖추어야 한다는 말이기도 하다. 그런데 그런 주식들은 이미 시장에서 좋은 평가를 받아서 시가총액의 상위에 자리매김하여 있다. 이것이 침팬지가 전문가를 이길 수 있는 핵심 이론이다.

결국 필살기는 대단한 게 아니다. 지극히 원칙을 잘 따르는 것이 필살기인 것이다. 주식 시장에서 영원히 변하지 않는 필살기대로 종목을 고르면 된다. 지금까지도 내가 종목을 고르는 필살기는 바로 이것이다.

나도 이제 대기업의 주인이랍니다

우리가 주식 투자를 할 때 가장 먼저 생각하는 것이 '시세차익'이다. 그러니까 싸게 사서 비싸게 팔면 이익이라는 것이다. 물론 최근 예·적금 금리가 초저금리 수준인 것을 고려해서 배당을 목적으로 투자하는 사람도 있겠지만, 역시 주식 투자의 묘미는 싸게 사서 비싸게 파는 것이다. 이러다 보니 주식 시장에서 종목 선정하는 일이 보통 어려운 일이 아니다. 물건 쇼핑하는 것과는 견줄 수가 없다. 그렇게 생각하면 주식 투자에서 종목 선정이 처음이자 끝일 수도 있다.

그런데 우리가 어떤 종목을 산다는 것은 그 기업의 주주, 즉 주인이 된다는 것을 의미한다. 그 기업이 '내 것'이란 얘기다. 물론 삼성전자 같은 거대 기업의 주식을 조금 산다면, 아마도 세계 각지에 있는 어떤 삼성전자 공장의 화장실 문고리 정도만큼 내 것이라고 말할 수는 있겠다. 중요한 사실은 주식을 매수하는 순간, 매수자는 그 기업의 주주가 되어 기업의 성장과 과실을 함께 공유하는 동업자가 된다는 것이다. 주식을 단순히 돈을 버는 매개체라는 개념에서 벗어나 이런 생각을 가지게 되면 시장을 보는 눈이 달라지고 향후 투자에도 많은 도움이 된다.

우리나라 증권사들이 거대해졌던 이른바 빅뱅의 단초는 1980년대 초반, 국내 가장 큰 규모의 증권사였던 삼보증권이 대우그룹계열의 동양증권에 합병되면서 이름이 대우증권(지금 미래에셋대우증권의 전신)으로 바뀌면서 시작되었다. 우리나라의 자본시장을 개방하는 '자본시장 자유화'가 진행되면서 국내 증권 업계에도 대형 증권사의 탄생이 필요하던 시절이었다. 당시 대우와의 합병이 탐탁치 않았던 구 삼보증권의 간부급 50여 명은 쌍용그룹이 야심 차게 증권업에 뛰어들어 새롭게 탄생시킨 '쌍용투자증권'으로 자리를 옮겼다. 나도 그중에 한 명이었다.

초대 사장으로 부임한 고병우 사장은 재무부 차관까지 지낸 관료로, 초기 우리나라 증권 업계의 국제화, 대형화에 많은 이바지를 하신 분이다. 당시 증권회사가 단독으로 텔레비전 광고를 한다는 것은 상상조차 할 수 없는 일이었다. 그러나 쌍용투자증권은 고병우 사장의 지시로 업계 최초로 텔레비전 광고를 제작해서 프라임타임에 광고를 걸었다. 당시 내가 영업 기획을 맡았던 담당자여서 원 없이 야근도 해 봤다. 텔레비전 광고에 그치지 않고 지하철 광고에도 나섰다. 당시 내가 카피를 쓰고 제작이 되어 그달의 광고상까지 받았던 내용을 잠시 인용해볼까 한다.

그 광고의 헤드라인은 "나도 이제 대기업의 주인이랍니다."이다.

'나는 어제 그동안 모아 온 돼지 저금통을 들고 엄마와 함께 증권 회사에 갔습니다. 그리고 내가 제일 좋아하는 과자를 만드는 회사의 주식을 샀습니다. 나도 이제 대기업의 주인이랍니다. 앞으로 열심히 공부해서 이 기업 같은 훌륭한 어른이 되겠습니다.'

이런 카피에 아빠 것 같은 헐렁한 양복을 입은 초등학생이 안경을 쓰고 콧수염을 붙인 사진을 배치해 만든 광고였다. 그렇다. 우리가 주식을 사는 순간 우리는 이미 그 기업의 주인이 되는 것이다.

이렇게 생각하면 이제 그 어렵던 '어떤 종목을 사야 할까?' 하는 고민이 한결 가볍게 느껴질 수 있을 것이다. 이 수준에 이르렀다면 여러분은 주식 투자의 반은 성공한 거나 다름없다. 이 안에 답이 있다. 매일 주가가 초 단위로 변하지만, 그것은 그냥 흘러가는 것이지 그것이 투자의 성패를 가르는 결정적인 요인은 아니다. 좋은 주식은 이렇게 모든 사람이 주주가 되고 싶어 하는 기업의 주식이다. 이것이 우량주인 것이다.

그렇다면 사람들은 어떤 기업의 주주가 되려고 할까? 간단하다. 지금 돈을 잘 벌고 있고, 앞으로도 계속해서 잘 벌 것 같고, 또한 기업의 사회적 책임을 다하는 그런 기업의 주주가 되고 싶어 할 것이다. 그럼 뭐 하시나? 이런 기업의 주식에 투자하시라. 그리고 긴 호흡으로 지켜보시라. 그러면 당신의 투자는 반드시 성공할 것이다.

팔자는 이름 따라 간다

주식 시장에서는 지수가 상승하거나 활황일 때 시장을 끌고 나가는 선도주, 통칭 '미인주'들이 등장하게 된다. 이 미인주에 많은 투자자들이 열광하고 막판에는 이 미인주에 홀려 미처 빠져나오지 못하고 쓰라린 경험을 하게 된다.

1984년 늦은 가을, 증권회사가 밀집된 명동 지하도에서 증권 업계 정보를 담당하는 어떤 사람을 만났다. 주로 고급 정보를 취급하는 그쪽에서는 일명 '프로'였다. 그 당시에는 명동에도 다방 말고는 만나서 얘기할 장소가 마땅치 않던 때이다. '스타벅스' 같은 것은 없었다. 뭔가 심상치 않은 내용인 것 같기에 시끄러운 다방으로 갈 수도 없어서 명동 지하도 한편에 선 채로 얘기가 시작됐다. 그가 두툼한 A3용지 자료를 내밀며 설명했다.

"그러니까 한 대리! 보안을 꼭 지켜 줘."

"위에다 보고도 안 돼?"

"아니, 직속 보고만 해."

총 19장짜리 자료의 카피를 들고 나는 명동 지하도를 달려 회사로 향했다. 달려야 했다. 뛰면서도 심장의 박동이 관자놀이에서 느껴질 정도로 초 홍분 상태였다. 그대로 담당 임원실을 박차고 들어갔다.

"이사님! 이거 북예멘 마리브 유전 개발 계획입니다."

"한 대리! 이거 어디서 났어?"

원래 정보의 출처는 묻지 않는 게 불문율인데, 워낙 메가톤급 자료이니 그분도 엉겁결에 튀어나온 질문이었다. "오늘 청와대 회의 자료입니다." 나도 그렇게 답하고 말았다. 아! 꿈에도 그리던 그놈의 석유. 그 석유를 우리나라 4개 회사가 북예멘의 마리브 유전에서 개발한단다. 그래서 오늘 청와대에서 국무회의를 마치고 관련된 4개 회사를 결정했단다. 광구의 시추 지점까지 그려져 있었다.

임원실 문이 잠기고 회의가 시작됐다. 간략한 보고를 윗선에 마치고 관련 임원들이 모였다. 당시 직급이 대리였던 나는 당연히 그 자리에 참석할 멤버는 아니었지만, 정보를 들고 온 공으로 참석이 허락됐다. 만약에 그 정보가 가짜면 이건 퇴사감이 분명했다. 그런데 그 자리에 있는 어떤 임원도 사실 여부를 묻지 않았다. 정보를 들고 온 사람의 직급은 낮아도 그것이 우리 세계의 일종의 예의였기 때문이다. 지금의 SK인 당시 선경, 유공(지금의 SK이노베이션), 삼환기업 그리고 현대종합상사가 그 대상 회사들이었다. 그러니까 자료를 요약 보고할 때마다 이 회사들의 이름을 번질나게 반복해야 했다. 그래서 내가 말했다. "그러니까… 지금부터 이 4개 회사를 '북예멘 4인방'으로 부르겠습니다."

당대 주식 시장 선도주의 별명은 이렇게 탄생했다. 주식 투자를 오래 하신 분들은 기억하실 것이다. 이 4인방의 주가가 어떻게 됐는지. 바로 다음 날부터 미친 듯이 올랐다. 무서울 정도로 말이다. 이 덕에 부자 된 분도 많았지만, 이후 주가의 급격한 상승과 사업 실적이 예상에 미치지 못하자 반년 만에 주가는 꺾였다. 뒤늦게 뛰어든 사람은 지독한 후유증을 맛봐야 했다. 이 일을 통해 깨달은 것은 이런 선도주 별명은 잘 지어야겠다는 것이다. 자꾸 이름처럼 결말이 난다.

그 후로도 시장에선 이런 시장을 주도하는 미인주에게 이름을 붙여 주었다. '7공주', '차화전', '트로이카' 등등이 그렇다. 7공주는 1980년대 공주와 2020년 공주로 나뉜다. 얼마 전 〈블룸버그〉 기사에 한국 코스피 시장을 선도할 기업으로 '삼성바이오로직스, 셀트리온, 삼성SDI, LG화학, 네이버, 카카오, 엔씨소프트'를 유망 종목으로 지목하자 시장에선 이들을 신 7공주로 부르고 있다. 또한 2020년 대한민국 주식 시장에 'BBIG'라는 새로운 닉네임이 나왔다. '배터리, 바이오, 인터넷 플랫폼, 게임'을 줄인 말이다. 이름에서 느껴지는 의미가 있으니, 주가가 많이 커졌으년 좋겠다.

이런 현상은 꼭 우리 시장에만 있는 일은 아니다. 미국도 'FANG' 이라 불리는 종목들이 있다. 페이스북, 아마존, 넷플릭스, 구글을 말한다. 이것들은 시대의 흐름을 반영하는 주식 시장의 미인주이다. 이 종목들은 영구불변일 수는 없지만, 그 시대의 흐름을 잘 반영하는 것이다. 정치인 이름을 딴 정치인 관련주나 대북 관련주 등 '○○ 관련주'들은 주로 이슈성 재료로 움직이기 때문에 아주 짧은 생명을 가진 일회성 움직임을 보이는 경우가 대부분이다. 적어도 몇 개월 이상 시장을 선도하는 종목들은 주로 호황장에서 나타난다. 앞으로도 더 아름다운 이름을 가진 이런 종목들이 많이 나왔으면 좋겠다.

성장주냐 가치주냐 그것이 문제로다

주식 투자를 시작했다면 일단 수익을 내야 한다. 친구 따라 들어 왔건 오랜 시간을 고민하다 입문을 했건 일단 주식 투자를 하기로 결정한 이상 어떻게 주식 투자를 시작하게 됐는가는 중요하지 않다. 이제부터는 진검승부이기에 잘못하면 순식간에 큰 손해를 보고 제대로 하면 기대 이상의 수익을 올릴 수도 있다. 그래서 투자자들은 좋은 주식, 즉 내가 사자마자 오를 가능성이 큰 주식을 찾기 마련이다. 그런데 주식 시장이라는 곳이 나름 트렌드가 있어서 시장을 끌고 가는 주도주가 있다. 이 종목들은 다른 종목 대비 월등한 수익을 주고 한동안 시장을 앞장서서 끌고 다닌다. 그러니 한 방에 이런 주도주를 선택하면 주식 투자를 비교적 편하게 할 수 있다.

그런데 이 주도주라는 물건이 한 번 정해지면 일정 기간 바뀌지 않는 것이면 좋겠는데, 그렇지가 않다. 수시로 애를 먹이고 바뀔 듯하다가 다시 가고, 어느 순간에 주도주의 권좌에서 속절없이 내려오기도 한다. 그래서 주식 투자자들은 늘 자신이 이 주도주와 함께

하기를 애타게 기원한다. 그러다 보니 자연스럽게 등장하는 논쟁거리가 '성장주와 가치주' 논쟁이다.

2020년 주식 시장은 말할 것도 없이 성장주의 시대였다. 약간 성격은 달리하지만, 미국 시장도 우리 시장도 성장주가 이끌고 달렸다. 특히 우리 증시가 오랫동안 갇혀 있던 박스를 깨고 코스피 지수를 한 번도 가본 적이 없는 3,000p 위의 세상으로 끌고 간 주역도 성장주였다. 반면 성장주들이 스스로 너무 달려 호흡 조정이 필요할 때이거나 코로나 백신이 나와서 이제 곧 인류가 코로나 공포에서 벗어나 정상적인 생활로 돌아갈 수 있다는 희망이 보일 때마다 간헐적으로 가치주들이 키 맞추기를 하는 정도가 전부였다.

그런데 이 성장주, 가치주 논쟁이 다시 떠올랐다. 미국의 바이든 정부 출범에 따라 대형 기술주에 불리한 상황이 전개될 것이라는 우려와 함께 미국 시장에서 13년 이상 장기 집권한 이 기술 성장주가 이제 물러날 수도 있지 않겠냐는 의견이 그 이유이다. 글로벌 주식 시장에서 주도주의 평균 집권 기간은 45개월(3~4년)로 집계된다. 그렇다고 이 수치를 근거로 우리나라 주식 시장에서 성장주의 시장 주도력이 더 이어진다고 말할 수는 없다. 그럼 무엇들이 이러한 변화를 끌어내는가를 살펴보자.

먼저 최근 거론되는 금리 상승의 문제다. 일반적으로 금리가 상승하면 가치주에 유리하고 성장주에는 불리하다고 얘기한다. 물론 앞으로 금리가 계속해서 상승한다는 것부터가 완벽한 논리는 아니다. 지금과 같이 부채가 심각하게 늘어난 상태에서 금리만 계속 오를 수 있을까? 부채의 디레버리징 과정에서 금리가 안정될 가능성도 있다. 그리고 우리나라 주식 시장에서 성장주로 분리되는 종목과 가치주로 분리되는 종목들 사이에 금리에 대한 유불리가 명확히 드러나지 않는다. 오히려 우리 시장에선 기업의 실적과 펀더멘털과 시장 밸류에이션과의 차이 그리고 수급 등이 더 이런 주도주 변화에 영향을 미친다고 본다.

그런데 근본적인 문제는 우리나라 주식 시장이 10여 년간 박스권을 오르내리면서 자연스럽게 가치주에서 성장주, 다시 가치주로 옮겨 다니는 현상이 지속되었다는 점이다. 최근에는 단순하게 PBR*(주가 순자산 비율)이 낮다고 가치주라고 평하거나 PER**(주가 수익율)이 높아서 성장주라고 규정하기가 어려워졌다는 점도 눈여겨볼 필요가 있다. 검은 고양이든 흰 고양이든 쥐만 잡으면 된다. 개인 투자자, 특히 초보 투자자의 경우에 성장주, 가치주 논란에 휘말려 이리 저리 쓸려 다닐 시간에 정말 내 투자 결과를 건강하게 만들어 줄 수 있는 종목을 찾는데 더 시간을 쏟아야 할 것이다.

주식 투자는 이 종목의 미래 가격이 지금보다 오를 것이라는 믿음으로 지금의 주가에 사는 것이다. 그러니 이 기업의 미래가 현재

---

* 'Price Book-value Ratio'의 약어로 '주가 순자산 비율'을 뜻한다. 주가와 1주당 순자산을 비교한 수치다. 즉, 주가가 순자산에 비해 1주당 몇 배로 거래되고 있는지 알 수 있는 지표다.

** Price-Earning Ratio'의 약어로 '주가 수익 비율'을 뜻한다. 주가를 주당 순이익으로 나눈 수치로 계산되며, 주가가 1주당 수익의 몇배가 되는지를 나타낸다.

보다 좋아질 수 있느냐에 초점을 맞추어야 한다. 시장에서는 내 예측의 정확도보다는 내가 돈을 벌었다는 결과가 더 중요하다. 주식 투자는 이데올로기 싸움도 아니다. 심하게 말하면 내가 사는 종목이 성장주인지 가치주인지 알 필요도 없다. 내가 매수하는 종목이 지금 돈을 잘 벌고 있는가? 앞으로도 잘 벌 수 있는가?를 알아내는 데 모든 힘을 쏟아야 한다. 그러므로 기본적인 재무제표는 볼 줄 알아야 한다. 그리고 그 종목이 최근 얼마나 올라있는지 지금 사도 추가적인 상승을 기대해도 되는지 아주 기본적인 차트 분석은 할 줄 알아야 한다. 성장주건 가치주건 내가 손해를 보면 그것은 나에게는 그냥 똥주일 뿐이다.

우량주에 대한 불편한 진실

"주식 투자 그렇게 하지 마세요. 그러면 거지 됩니다. 우량주식을 오랫동안 갖고 계셔야 부자 됩니다."

이게 무슨 개 풀 뜯어먹는 소리인가. 그리고는 삼성전자를 예로 든다 "삼성전자를 15년 전부터 사서 모아 왔다고 계산해 보세요. 그럼 지금 수익률이 어쩌고저쩌고…" 이건 올바른 투자 조언이 아니다. 한마디로 현실성이 떨어진다. 사실 이런 조언은 실제로 주식 투자를 하는 많은 투자자들에게 별로 도움이 안 된다. 유치원생을 앉혀 놓고 "부모님 말씀 잘 듣고 공부 열심히 하면 훌륭한 사람이 될 수 있어요."와 근본적으로 무엇이 다른 소리인가. 가끔은 실제로 우량주를 오랜 세월 모아서 부자가 되었다는 분들을 만난다. 본인의 증권 계좌를 증거로 제시하면서 사실을 확인시켜 준다. 맞다. 드물게 미래를 보는 그런 혜안을 가진 분들이 있다. 그러나 일반적인 주식 투자자들이 모두 그렇게 될 수는 없다.

우선은 무엇이 미래의 우량주인지 고르는 게 쉽지가 않다. 요즘은 워낙 빠르게 선도 산업이 바뀌기 때문에 그리 녹록한 작업이 아니다. 카카오톡이라는 메신저를 만든 회사가 이렇게 대박 기업이 될 줄은 예전엔 미처 몰랐다. 물론 중간에 알아차리기는 했지만, 그 시점에는 이미 상당히 성장한 뒤였다. 그 주식을 언제 만나느냐는 무척 중요하다. 그러니 지금 시장에서 인기를 독차지하는 주식을 비껴 놓고 미래에 뜰 주식을 미리 사서 오래 기다린다는 것은 곰이 마늘과 쑥만 먹고 100일 동안 동굴에서 버티다 웅녀가 되는 것만큼 어려운 일이다. 그래서 보통의 우리는 그때그때 시장에서 미인주를 쫓아서 매매를 거듭할 수밖에 없는 것이다.

주로 주식 투자는 시세차익과 배당을 기대하면서 하게 된다. 주로 시세차익에 무게를 더 많이 둔다. 당연히 싸게 사야 하고 비싸게 팔아야 한다. 또 다르게 얘기하면 미래 가치와 현재 가치의 다툼이다. 그런데 이 미래 가치를 설정하는 데서부터 서로 다른 의견이 충돌한다. 뭐 그것은 미래 가치니까 그렇다고 치자. 이 미래 가치를 기대 수익으로 할인해서 현재의 가치를 추정하고 그 가격과 시장가격과의 상관관계에서 매매 결정을 하게 된다. 그러나 각자의 기대 수익이 다르니 이것도 보통 일이 아니다.

누구는 가치주를 사야 한다고 말한다. 가치주라고 하는 게 주로 과거의 자료들을 가지고 평가하기 때문에 자주 성장성에 밀려서 그것도 시장에서 잘 안 먹히는 경우가 많다. 이러니 초보 주린이 입장에선 더더욱 종목 고르기가 힘들다. 그러다 보니 여기저기 귀동냥

해서 모은 종목 중에 하나를 골라잡아 투자하는 사례가 대부분이다. 아무리 우량주고 미인주라고 해도 상투에 사면 소용이 없다. 도대체 그럼 우량주는 무엇인가? 내게 수익을 안겨다 주는 종목이 우량주다. 아무리 시장에서 최고의 미인주라고 해도 내게 손해면 흔히 쓰는 주식 시장 말로 똥주이고 잡주일 뿐이다.

어떤 종목을 매수하기 전에 먼저 이 주식이 얼마나 올랐는가를 반드시 확인해야 한다. 그렇지 않으면 남들이 기껏 올린 상투권 시세에 사는 우를 범하게 된다. 그리고 또 하나 살펴야 하는 것이 이 주식의 최근의 주가 흐름을 파악하는 일이다. 이것을 우리는 '기술적 분석'이라고 부른다. 차트를 분석하는 것들이 기술적 분석에 속한다. 이 기술적 분석을 통해서 매매 타이밍을 잡는 것이다. 앞서 말한 이 주식이 상투권에 있는지 아닌지를 기술적 분석이 알려줄 것이다. 그리고 마지막으로 수급 상황을 확인해 봐야 한다. 외국인들의 수급은 어떤지 기관투자자들의 수급은 어떤지를 살펴보면 된다.

이를 바탕으로 본다면 10년 뒤에 어떻게 될지 알 수가 없는 우량주를 찾는 것보다 지금이 투자 적기인 주식을 고르는 것이 더 합리적이다. '우량주를 장기 투자하면 부자가 될 수 있다.'라는 선문답 같은 조언은 결국 "좋은 땅을 싼값에 사서 오래 가지고 계시면 부자가 될 수 있다."와 같은 말이다. 2가지 모두 답답한 조언일 뿐이다.

내년은 알겠는데 내일은 모른다

가끔은 이런 꿈같은 생각을 한다. 제발 한 번만, 딱 한 번만 하루를 먼저 살고 나서 다시 돌아올 수 있었으면 좋겠다. 그럼 하루 뒤 시장을 먼저 봤으니 주식으로 엄청난 돈을 벌 수 있을 텐데…. 아마 이런 만화 같은 상상을 해본 분들이 꽤 있으실 것 같다. 미래를 살아 본 적이 있다는 사람을 찾을 수 없으니 우리는 주식 시장에서 유명한 경제학자나 증시 전문가의 미래 예측에 귀 기울일 수밖에 없다. 그래도 경제학자이고 전문가인데 나보다는 더 잘 알겠지 하는 마음으로 참고할 수밖에 없다.

요즘은 인공 지능 운운하면서 미래를 얘기해 주고 돈을 받는 게 직업이 된 세상이다. 주식도 그렇지만 경마나 스포츠 등 다양한 방면에서 이런 미래 맞추기가 넓게 퍼져 있다. 원래 수천 년 전부터 이런 행위는 있었지만, 과학의 발전과 함께 최근엔 인공 지능 기능을 추가해서 미래를 얘기하니 더더욱 그럴듯하게 느껴진다.

경제방송 앵커 시절 한 스포츠 신문의 '오늘의 운세' 코너에서 인기가 상당하다는 무속인을 섭외해서 오늘의 주가를 알아보는 코너를 만들자는 의견을 냈었다. 사실 잘 맞추길 기대하기보다는 주가를 그런 식으로 맞추려는 일이 얼마나 황당하고 허무한 일인지 알려주고, 적지 않은 투자자들이 이런 식으로 시장에 접근하는 것에 대한 경각심도 높이자는 의도였다. 물론 시청률이 올라갈 수도 있겠다는 생각도 있었다.

적절한 사람을 내가 직접 찾아 나섰다. 그런 분들은 왜 그렇게 높은 곳에 사시는지, 가파른 비탈길을 오르고 올라 도착했다. 물론 가기 전에 예약은 필수다. 마지막 순서를 부탁해서 무속인 방에 들어갔다. 드라마나 영화에 나오는 무속인의 점방과 정말로 똑같았다. 나보다 어려 보이는데 대놓고 반말이다. "아! 그거 걱정할 것 없어. 다 잘된다니까." 이건 또 무슨 상황이냐. 난 말 한마디 안 했는데, 뭐가 잘된단 말인가. 순간 웃음이 나올 뻔했다.

아, 이 친구가 맞추긴 잘 맞춘다 싶었다. 넌 오늘 나한테 코를 꿰어서 방송 출연을 승낙할 테니 내 입장에선 결과적으로 다 잘되는 것이다. 드디어 내 방송국 명함과 함께 온 목적을 자세히 설명했다. 갑자기 이 친구가 존댓말을 써가면서 제발 자기 좀 살려 달란다. 종일 남의 운세를 얘기해 주느라 피곤해진 이 친구와 마주 앉아 뻗치기에 들어갔다. 2시간 만에 항복을 받아냈다. 주식 투자를 한 번도 해본 적이 없어 아무것도 모른다기에 12간지 띠별로 그 주간의 운세만 말해달라, 나머지는 내가 하겠다고 달랬다. 예를 들어 말띠는 그 주간에 물(水)과 운이 맞으면 내가 해운 업종을 추천하고, 용띠는 금, 쇠(金, 鐵)와 인연이 강하면 철강업을 추천하는 식이다. 이건 꿈보다 해몽이 좋아야 한다.

바로 본 방송에 들어가는 위험을 피하려고 부속 인터넷 방송에서 먼저 시작했다. 보름이 지났을까, 그 무속인이 갑자기 펑크를 냈다. 그리고는 전화로 방송 준비가 너무 힘들어서 본인의 주 사업에 막대한 지장을 주기에 계속할 수가 없단다. 그렇게 끝이 났다. 중요한 건 그가 아무것도 맞춘 것이 없다는 사실이다. 차라리 침팬지랑할 걸.

연말이 되면 각 증권사에서 다음 해 주식 시장 전망을 내놓는다. 현업에 있으면서 내년 전망이 나쁘다고 말하는 것을 본 기억이 없다. 뭐 투자자에게 희망을 주는 차원에서라면야 할 말은 없지만 말이다. 그래서 증권사의 전망은 틀리기 위해 있다는 푸념도 듣는다. 나 역시 현역 시절에는 부정적 전망을 낼 수가 없었다. 업계 분위가 그랬었다. 지금은 많이 달라지기는 했다지만, 아직도 그 부문은 멀었다고 생각한다.

한번은 나와 시황에 대한 가치관이 다른 동료에게 짓궂은 질문을 던졌다. "내일 시장은 어떨 것 같은데?" 내년은 아는데 내일을 모를 리가 없으니 말이다. 돌아오는 답은 그렇게 시장을 단기적으로 보니까 투자에 실패를 한단다. 핀잔은 덤으로 받았다. 사실 시장을 긴 기간으로 예측하면 그동안에 여러 가지 변수들이 발생하기 때문에 좀 틀려도 빠져나갈 구멍이 있다. 그런데 핵심이 여기에 있다. 내년도 시장에 대한 전망은 희망에 가깝고 내일의 시장은 바로 마주할 현실이다. 혹시 우리는 희망과 현실을 혼돈하면서 주식 투자를 하고 있는 것은 아닐까?

주식 투자가 미래의 희망을 현실로 치환해야 하는 작업이라고 보면 주식 시장에 참여하고 있는 우리는 원하든 원하지 않든 궁극적으로 낙관론자가 될 수밖에 없는 것 같다.

루머에 사서 뉴스에 팔아라

'양치기 소년'은 계속해서 거짓말을 하면 아무도 그의 말을 신뢰하지 않는다는 교훈을 말해 주는 우화이다. 양치기 소년은 심심풀이로 "늑대가 나타났다!"라고 소리를 지른다. 동네 사람들은 그의 거짓말에 속아 무기를 가지고 달려 오지만, 헛수고로 끝나고 만다. 재미가 들린 양치기 소년은 이런 거짓말을 반복했고, 정작 늑대가 나타났을 때는 동네 사람들이 아무도 도우러 오지 않았다. 모든 양과 양치기 소년은 늑대에 의해 잡아먹혔다. 사람이 여러 번 거짓말을 하면, 나중에 진실을 말해도 다른 사람이 믿을 수 없게 된다는 교훈을 우화는 강조하고 있다.

거짓말이 난무하는 곳은 어디일까? 그 상위에 주식 시장을 꼽을 수 있을 것이다. 매일 쏟아지는 거짓말들이 시장을 타고 흐른다. 양치기 소년은 재미 삼아 거짓말을 했다면, 주식 시장에서는 자신을 위해 희생할 바보들을 만들기 위해서 거짓말을 한다. 자신의 주식을 자기가 산 가격보다 비싸게 사줄 바보를 만들기 위해서 거짓말을 하는 것이다. 그런데 주식 시장의 특이한 점은 이곳에선 그것의 진실 여부가 무시될 때가 많다는 사실이다. '루머에 사서 뉴스에 팔아라.'라는 증시 격언이 있을 정도다.

기업의 실적이 발표되는 시기에는 증권사별로 예측한 실적 잠정치 또한 발표되고, 그 내용이 서로 다르기도 하고 비슷하기도 하다. 우리는 이걸 '시장 컨센서스'*라고 부른다. 그런데 정작 공식적인 실적이 발표되면 놀랄 만한 실적의 기대로 한껏 올랐던 주가가 상승을 멈춰 버리거나 오히려 하락하기까지 한다. 밝혀진 '사실'은 더는 주가를 움직일 수 있는 재료로서 가치가 없기 때문이다. 재료를 늘미리 당겨다 쓰는 주식 시장에선 정작 모든 사실이 확실하게 드러나는 순간 주가를 움직일 수 있는 재료로서의 수명을 다하게 된다. 왜냐하면 그 사실을 모르는 사람이 더는 없기 때문이다. 그래서 투자자들은 모두가 다 아는 확인된 사실이라는 팩트보다 자신만이 먼저 안 '정보'인지를 더 중요하게 생각한다. 그래야 자신이 다른 투자자보다 앞서 그 재료에 맞는 투자 행동을 할 수 있기 때문이다.

그러다 보니 주식 시장에는 많은 진실과 거짓이 뒤엉켜 돌아다닌다. 그러므로 투자자들은 가능하면 진실에 가까운 정보를 듣길 원한다. 이러한 정보를 제공하는 대가로 돈을 받는 직업도 생겼다. 그런데 이 정보의 진위 못지않게 중요한 게 있다. 처음 주식 시장에

---

*   시장에서 예상하고 있는 해당 기업의 실적 추정치를 뜻한다. 실적 발표 전, 각 증권사가 예상하는 가장 낮은 수치부터 가장 높은 수치의 평균값을 의미한다.

서 "늑대가 와요." 이렇게 외치면 별 반응이 없다. 시장 또한 꿈적하지도 않는다. 그런데 늑대가 온다는 얘기를 하는 사람이 조금씩 늘어나고, 이 사람 저 사람이 모두 늑대가 온다고 얘기하면 없는 늑대도 나타나는 곳이 주식 시장이다. 주식 시장은 참여하고 있는 사람들이 얼마만큼이나 그 사실을 믿고 어떻게 행동하느냐에 따라서 그 방향성이 결정되기 때문이다. 그것이 잘 정제되지도 않고 확인되지 않은 정보일지라도 크게 다르지 않다.

이런 시장의 특징 때문에 소위 말하는 '이슈 종목'들이 만들어진다. 선거철이 다가오기 훨씬 전부터 시장에는 당선이 유력한 정치인 관련주가 등장한다. 유력 정치인과 어떤 기업의 대표가 같은 대학을 나왔다는 것이다. 그래서 주가가 오른다. 참 한심하기 그지없다. 그런데 때론 이렇게 한심한 곳이 주식 시장이기도 하다. 어쩌다 2020년과 같이 엄청난 감염병 사태가 터지면, 잘 알지도 못하는 회사가 갑자기 마스크 업체로 둔갑한다. 이 정보는 사실 여부를 떠나 빛의 속도로 시장에 퍼진다. 그 주식을 못 사서 난리들이다. 당연히 주가는 가파르게 치솟는다. 그리고 나니 코로나 진단 키트가 화제가 된다. 너도나도 진단 키트를 만든단다. 외국에서 주문이 밀려와서 물량 공급이 어려울 정도란다.

이것 외에도 많다. 신안 앞바다에 옛날 보물을 실은 해적선이 침몰했는데, 어느 기업이 이것을 인양하기로 했단다. 시가로 환산하면 그 가치가 어마어마하단다. 이런 초등학생도 안 믿을 정보가 주식 시장에선 관련 기업의 주가를 한동안 끌어 올린다. 물론 그 사실이 거짓으로 밝혀졌을 때의 엄청난 후유증은 고스란히 투자자의 몫이다. 그러나 주식 투자를 하면서 오로지 확인된 정보와 자료만 가지고 투자를 하겠다고 굳은 맹세를 하지 않는 한, 이런 이슈 관련 종목에 전혀 손대지 않을 수도 없다. 이미 확인된 자료와 정보만으로 하는 투자는 사실 기대하는 수익을 내기에 현실적인 어려움이 있다.

그래서 투자 자산 일부분에 한해 이런 투자를 하는 것을 말리지는 않는다. 그런데 이런 투자에서 꼭 기억해야 할 것이 있다. 그것이 사실이냐 아니냐가 아니라, 그 사실을 믿는 사람이 시장에 얼마나 있느냐를 살펴야 한다. 늑대가 오느냐 아니냐를 가지고 다투기보다 늑대가 온다고 얘기하는 사람이 얼마나 늘어나고 있는지를 살펴보는 것이 더 빨리 시장을 파악하는 길이다. 물론 너무 늦게 들어가서 오지 않는 늑대를 외로이 기다리는 우를 범하지 않는다는 전제에서 말이다.

내가 좋아하는 주식이 안 오르는 이유

나는 시장을 참 좋아한다. 어려서 시장에서 장사하시는 부모님 밑에서 자랐기 때문도 있지만, 그곳에 가면 뭔가 살아 있음을 느끼곤한다. 요즘엔 주로 마트에 가서 장을 보는 경우가 많아서 가끔 따라나서는 장보기도 마트로 가는 경우가 대부분이다. 그런데 마트에서는 시장에서 느끼는 그런 생동감을 느끼기가 어렵다. 아주 가끔 내얼굴을 알아보는 주식 투자자에게 붙들려서 원치 않는 투자 상담을하게 되는 경우도 있다.

원체 시장을 좋아해서 그런가, 40년 가까이 매일 빠짐없이 마주하는 주식 시장도 늘 설렌다. 오르면 오르는 대로, 빠지면 빠지는 대로 늘 짜릿함이 있다. 천생 증권쟁이가 틀림없다. 이 직업을 무척 사랑한다. 돈을 많이 벌 수 있는 직업이라서가 아니다. 나는 사람의 재물 운은 하늘이 정한다고 믿는 부류의 사람이다. 남 돈 버는 조언은하면서 본인 돈 버는 것엔 별로 흥미가 없는 다소 덜 야무진 인간이다. 그래도 주식 시장은 좋다. 매일이 전쟁이고 때론 짜릿한 승리를 얻기도 하고 때론 가슴 쓰린 패배를 맛보기도 한다. 이것이 반복되기에 주식 시장은 신나고 재미있는 곳이다.

그런 주식 시장이 어떤 때는 매정하고 어떤 때는 얄미울 때가 있다. 시장에 참여한 모두가 돈을 벌 수 있다면 참 좋겠지만, 주식 시장은 그런 곳이 절대 아니다. 심지어는 지수가 계속해서 상승해도 손해를 보는 사람이 있다. 그래서 미국 증시 격언에 '월스트리트의 돈은 모든 사람의 호주머니로 들어가지 않는다.'라는 말까지 있다. 원래 남의 떡이 커 보이기도 하지만, 주식을 하다 보면 내가 사면 빠지고 내가 팔면 오르는 것 같은 현상을 경험하게 된다. 더 참을 수 없는 것은 내가 가진 주식만 요지부동이고 다른 주식만 오른다는 것이다.

이것을 시장에선 '쏠림현상'이라고 부른다. 글자 그대로 특정 종목을 가진 투자자는 주가가 끊임없이 올라 무한정 행복하고, 그 종목이 없는 투자자는 무한정 불안하고 답답한 상황이 지속된다. 이와 같은 쏠림현상이 나타나는 이유가 무엇일까? 주식 시장의 독특함 때문이다. 우리는 보통 물건을 살 때, 이것저것 골라서 비교해 보고 가장 마음에 드는 물건을 최종적으로 사게 된다. 내 돈으로 내 맘에 드는 물건을 사는 것이다. 하지만 주식 투자에서는 이런 게 통하지 않는다. 남들의 눈치부터 살펴야 한다. 내 돈 가지고 내 맘에 드는 물건을 사는 곳이 아니다. 내 돈 가지고 주식을 사면서 나 아닌 다른 사람들이 좋아하는 종목을 골라야 한다. 이 경우가 훨씬 성공

확률이 높다.

왜 내 돈 내고 사면서 다른 사람들이 뭘 좋아하는지를 살펴야 할까? 시장의 흐름을 잘 타는 종목을 사야 하기 때문이다. 주식 시장엔 대부분 주도주가 있다. 때론 몇 개월, 때론 수년간 시장을 앞장서서 끌고 가기도 한다. 즉 시장의 트렌드를 결정하는 종목들이다. 이들 주식을 매수해서 수익을 내지 못하고 시장 트렌드에서 벗어난 종목을 갖고 있으면 수익은 고사하고 늘 배가 아프다.

여기에는 경제학자 케인즈(John Maynard Keynes)의 '미인투표론'을 불러올 필요가 있다. 요즘은 TV 중계에서 사라졌지만, 한때 높은 시청률을 자랑하던 '미스코리아 선발대회' 즉, 미인투표가 그것이다. 미인대회의 우승자는 내가 제일 예쁘다고 생각하는 사람이 아니라, 심사위원 전원의 폭넓은 점수를 얻은 사람이 최고의 미인이 된다는 이론이다. 이는 투자할 때 사람들의 기대감이 큰 종목에 투자해야 한다는 점을 시사한다. 미래는 불투명하므로 사람들의 미래에 대한 전망, 투자자들의 생각 그리고 군중심리에 의해 좌우된다는 것이다. 내 돈으로 주식을 사지만 내가 좋아하는 주식이 아닌 다른 투자자들이 공통으로 좋아하는 주식을 사야만 성공하는 이상한 시장. 주식 시장은 이상한 시장이다.

한 우물만 파면 망하는 이유

2020년, 전 세계 경제가 크게 요동쳤다. 우리나라 또한 예외는 아니어서, 부동산에 대한 강력한 규제책이 반대편에 있는 주식이라는 자산 시장에 대한 개인들의 쇄도를 불러왔다. 게다가 그동안 부동산 가격 폭등에 따른 상대적 박탈감을 느끼고 있던 젊은이들은 경제적 루저로 남지 않으려면 지금 주식 시장에 뛰어들어야 한다는 절박한 이동이 시작되었다. 영혼까지 끌어다가 투자한다는 소위 '영끌'이 주식 시장에서도 시작되었다. 동학 개미의 탈을 쓰고 막강한 모습으로 나타난 소위 '주린이'들, 초보 개인 투자자들의 특징은 투자에서 심한 쏠림현상을 보인다는 것이다.

　부동산에서 익숙해진 '똑똑한 한 채' 식 투자가 주식 시장에서도 빛을 발하는 현상이다. 그러다 보니 시장은 강력한 주도주를 형성시키고 다른 종목과 비교가 안 될 만큼의 놀라운 수익률을 나타낸다. 맞다. 속담에도 '한 우물을 파라'라는 말이 있다. 똑똑한 한 종목이 열 종목 안 부럽다는 새로운 증시 격언이 생겨날 정도다. 물론 한 종목에 전부를 집중 투자해서 수익률을 극대화하겠다는 이른바 '몰빵 투자'를 꼭 나쁘다고 말하려는 것이 아니다.

그러나 많은 전문가가 분산 투자, 즉 '포트포리오' 구성을 강력하게 권한다. 그래야 뜻하지 않은 위험으로부터 내 재산을 보호할 수 있기 때문이다. 물론 동일 산업군 안에서 여러 종목을 담는 분산이야 별 의미는 없겠지만, 유망 산업을 대표하는 여러 종목을 나누어 사야 위험도 분산되고 각 산업의 움직임에 따라 적절한 투자 전략을 구사할 수 있기 때문이다. 부동산 시장에서 익숙해진 '똑똑한 한 채' 식의 투자 방법은 주식 시장에서는 상당히 위험한 방법이다. 주식에서는 한 우물만 파는 방식이 별로 추천되지 않는다. 여러 개의 우물을 파야 우물을 파는 노력의 기회비용 회수와 물이 나올 확률이 높아지는 것이다.

그런데 사실 한 종목 집중 투자보다 더 무서운 것은 투자 운용 방법에서의 한 우물 파기이다. 초보 투자자가 처음 거래를 시작해서 단기간에 달콤한 수익을 맛보면 지금까지 왜 주식 투자를 하지 않았을까를 후회하고 주식 투자에 대한 근거 없는 강한 자신감을 가지게 된다. 그냥 시장이 올라가서 자동으로 돈이 벌렸다는 사실을 잊는 것이다. 그래서 지금 자신의 투자 운용 방식을 신뢰하게 되고 급기야는 여기에 자신의 탐욕이 자리 잡고 있다는 사실을 전혀 눈치채지 못한다.

2021년 연초, 뉴욕 시장에서 불붙은 공매도 전문 헤지펀드와 개인투자자들의 힘겨루기로 다시 화제가 된 전설의 공매도 전문가 '제시 리버모어'의 일화를 소개하고자 한다. 지독한 가난이 싫어 고향을 떠나 도시로 탈출했던 소년 리버모어는 지금으로 말하면 '주식 매매방'의 사환으로 첫 직업을 갖게 되면서 주식 시장에 들어온다. 그 후 리버모어는 하루에 가장 많은 돈을 버는 사람이자 하루에 가장 많은 돈을 잃는 공매도의 전문가가 된다. 공매도에서는 그를 따를 사람이 없었다. 그가 공매도를 치면 주가는 곤두박질을 쳤고 그를 따르는 세력들도 많아졌다. 그는 공매도로 돈을 벌고, 번 돈으로는 술과 여자와 마약을 일삼는 단순한 '한 우물 파기'를 지속했다. 자신을 되돌아보지 않는 그의 한 우물 파기는 그의 커질 대로 커진 탐욕과 함께 그를 파산의 나락으로 떨어뜨렸다.

1940년 11월 28일 오후, 리버모어는 익숙한 맨해튼의 '셰리-네덜란드 호텔'로 갔다. 호텔 휴대품 보관소 의자에 앉아 32구경 콜트 자동권총을 자신의 오른쪽 귀의 뒷부분에 대고 방아쇠를 당겼다. 공매도 시장의 전설이자 뛰어난 주식 거래자이며 한때 가장 부유한 사람 중의 하나였던 리버모어는 자살했을 당시 엄청난 빚만 남아 있었고, 주머니에서 발견된 것은 아내에게 전하는 아주 짧은 편지가 전부였다.

"이젠 어쩔 수가 없구려. 모든 게 최악이라오. 난 지쳤소. 이것만이 나의 탈출구인 것 같소. 난 실패자요."

욕심과 탐욕의 경계를 찾기는 어렵지만, 우리는 투자를 하면서 늘 그 경계를 아주 쉽게 넘곤 한다. 인간이니까 욕심을 가지는 것은 자연스러운 일이지만, 자신을 망가뜨리는 탐욕으로 끌고 가려는 투자 운용 방법에서의 맹목적 '한 우물 파기'는 하지 말아야 할 것이다. 주식 투자를 남보다 더 벌기 위한 목적으로 삼기보다는 딱 남들만큼만 번다는 생각으로 임해야 한다고 생각한다.

시장에서 바보가 되는 2가지 방법

주식 투자는 '바보 게임'이라는 단어로 설명이 가능하다.

주식 시장은 수많은 투자자가 서로 엉켜서 자신의 수익을 좇아 움직이는 곳이다. 그럼 이런 주식 시장에서 과연 누가 돈을 벌 수 있을까. 외국인일까 기관 투자자들일까. 꼭 그런 것만도 아니다. 기관 투자자들이 운용하는 펀드들의 수익률이 지수 상승도 따라가지 못하는 경우도 적지 않게 발생한다. 반면에 개미 투자자 중에서 늘 시장을 이겨서 성공의 전설이 된 사람도 있다. 아는 게 많아야 투자에 성공할까? 내 대학 은사가 주식 투자에서는 별로 두각을 나타내지 못했다. 그 유명한 경제학 교수도 주식 시장은 어려우셨던 모양이다.

사람들은 주식을 시작하면서 어떤 생각들을 할까. 샐러리맨이라면 자신은 경제학도 잘 알고 회사도 그런 분야여서 실물 경험도 많기에 집에서 살림만 하는 전업주부보다 더 큰 수익을 볼 수 있으리라고 생각한다. 천만의 말씀이다. 조금 과장해서 말하면 그런 거 다

필요 없다. 그럼 흔히 하는 말처럼 '운칠기삼'일까. 내가 보기엔 그 것도 아닌 것 같다.

주식 투자는 '바보 게임'이다. 주식 투자는 결국은 손해로 끝날 것 이기 때문에 종국엔 바보가 된다는 뜻이냐고? 결코 아니다. 주식 투 자는 나보다 더 바보를 찾는 게임이라는 뜻이다. 나보다 더 바보를 찾으면 되는 것이라고, 그렇게 쉬운 거라고 주식 투자가? 의문을 가 질 수도 있을 것이다. 그러나 나보다 더 바보를 찾는 것이 과연 쉬 울까? 우리가 주식을 살 때는 시장 어딘가에는 내가 산 가격보다 더 비싼 가격에 내 주식을 사줄 바보가 존재할 것이라는 가정하에서 투자한다. 이는 주식을 팔 때도 마찬가지이다. 내가 판 가격보다 더 높은 가격에 사갈 수 있는 바보는 없을 것이라는 가정에 따라 매도 한다.

그런데 점차 시간이 지나면서 그때 사실 바보는 나였다는 생각을 하면서 후회하지만, 이미 상황은 끝났다. 자신보다 더 바보라고 생 각했던 사람이 자신보다 더 현명했다는 사실을 알았을 때는 이미 손해가 났고 마음도 다친 후였을 때가 많다. 그래서 주식 시장에서 사람들은 서로 바보가 되지 않으려고 안간힘을 쓴다. 흔한 말로 '돈 잃고 바보 되는' 것이다.

철학자 키에르케고르는 이런 말을 했다. "바보가 되는 데는 2가 지 방법이 있다. 하나는 진실이 아닌 것을 믿는 것이고, 두 번째는 진실을 믿기를 거부하는 것이다." 그럼 간단하다. 정말 진실인 것을 찾아서 그것만 믿으면 바보가 되는 것을 피할 수 있다. 이쯤 되면 더 복잡해진다. 도대체 진실을 어떻게 찾느냐 말이다. 바보 게임은 다시 원점으로 돌아간다.

주식 시장의 진실은 무엇일까? 이것만 찾으면 투자의 모든 것이 해결된다. 그럼 한번 찾아보자. 주식 시장처럼 여러 가지 소문이 난무하는 곳도 드물다. 이 많은 얘기들 속에서 어떻게 진실을 찾을까. 지금도 시장에는 무엇이 진실인지 아닌지 관심조차 없이 때론 용감하게 때론 무모하게 종횡무진 하는 사람들이 많다. 예전엔 투자에 필요한 정보 하나 얻는 것도 무척 힘들었다. 상장사에 문의해도 좀처럼 알려주지 않았다. 그래도 되는 시절이었다. 반면에 지금은 너무 많은 정보가 넘쳐나다 보니 무엇이 진짜인지 아닌지 구별하기도 어렵다. 키에르케고르가 살아 돌아와도 주식 시장에선 바보가 될 수밖에 없다.

이쯤 되면 나보다 더 바보를 찾는 것을 목표로 하지 말고, 내가 스스로 바보가 되지 않는 방법을 찾는 편이 빠를 것이다. 서로 자신보다 더 바보를 찾아봐야 서로 바보가 될 뿐이다. 주식 시장에서 진리란 원칙을 지키는 것이다. 과연 무엇이 원칙일까? 이미 각자의 마음속에 있다. 주식 투자는 상대평가가 아니다. 나 아닌 다른 사람이 얼마 벌었냐는 나와 아무 관계가 없는 일이다. 그 사람이 많이 벌었다고 나도 꼭 많이 벌라는 법도 없다. 주식 투자는 절대평가다. 나와 나의 싸움이다. 나보다 더 바보를 찾을수록 나는 더 바보가 되어간다.

자신이 생각하는 기대 수익과 매매 방법을 스스로 정하고 그 규칙을 지켜서 행동하는 것이 투자의 제1원칙이다. 시장이 조정기에 들어가면 자신보다 더 바보를 찾아 헤매던 사람들은 이리 쏠리고 저리 쏠리고 결국 투자를 망치게 된다. 바보 게임은 분명한데 자신보다 더한 바보를 찾아 헤매기만 하면 반드시 실패하는 시장. 그게 주식 시장이다.

시장은 우리를 속이지 않는다

주식 투자자는 누구나 성공한 투자자로 남기를 원한다. 주식에서의 성공은 투자를 통해 돈을 많이 버는 것을 의미한다. 자연히 시장 참여자 모두는 이 성공을 향해 오늘도 열심히 뭔가를 하고 있다. 어떤 사람은 너무 부지런해서 투자를 그르치기도 하고 또 어떤 사람은 너무 무심해서 좋은 기회를 놓치기도 한다. 많은 일이 그렇지만 주식도 핑계가 상당히 많은 곳이다.

특히 핑계가 많은 분야를 꼽자면 골프, 낚시도 주식 투자와 맞먹는다. 나는 비교적 남들보다 일찍 골프를 시작했다. 삼보증권 강성진 회장님을 비서실에서 모실 때인 29살에 시작했으니 그 시절 남들에 비해 일렀다. 이 골프에도 참 핑계가 많다. "드라이버가 그쪽으로만 밀리지 않았어도 세컨 샷에 온그린해서 홀에 딱 붙이는 건데…", "퍼트가 조금만 더 강해서 골프공이 한 바퀴 반만 더 굴러도 들어가는 건데…" 등. 아니, 그게 골프인데 무슨 소리인가. 그런데 이런 말도 안 되는 핑계들은 오늘도 골프장에서 수없이 반복된다.

낚시도 만만치 않다. "그때 미끼만 따 먹고 가지 않았으면 아주 큰 놈 낚는 건데…" 바람이 어떻고, 조류가 어떻고 참 핑계도 많다.

주식에서의 핑계는 어떤 것일까. 자신은 잘못이 없는데 다른 이유로 투자에 성공하지 못했다는 얘기다. 그럼 본인은 뭘 했는데? 자기가 하는 투자에 무슨 이유로 다른 잘못들이 끼어드는 것일까. 그래서 생각해 낸 핑계가 시장이 자신을 속였다는 것이다. 아니, 시장이 무슨 이유로 꼴랑 개미 투자자를 속이는 걸까. 나는 시장이 우리를 속이는 것은 단 한 차례도 보지 못했다. 시장이 속인 거라고 생각하고 싶겠지만, 시장은 가만히 있는데 우리가 마음대로 상상하고 남보다 더 벌려고 미리 가서 기다리다 낭패를 보는 것이다.

모든 투자자는 자신이 돈을 버는 기분 좋은 상상을 한다. 아무리 주식 시장이 낙관론자가 만든 것이라고 하더라도 자기만을 위한 상상의 소설 속으로 자신이 뛰어 들어간 것이다. 그리고는 실패가 시장이 자신을 속였기 때문이라는 결론을 내리는 사람은 주식 투자에 성공하기가 어렵다. 누구나 실수할 수 있다. 그런데 실패의 원인을 이렇듯 시장 탓으로만 돌리면 앞으로도 늘 시장 탓만 해야 할 것이다.

왜 시장이 자신을 속였다고 생각할까. 스스로 제 발에 걸려 넘어진 것은 아닌가. 무엇이 지금의 상태를 만들었는지 점검하고 반성해야만 다음 투자에 성공할 수 있다. 내가 지금까지 본 시장 탓을 자주 하는 투자자들은 의외로 시장에 대한 걱정과 두려움이 많았다.

그리고는 무엇이 옳은지 분명히 아는데도 정작 행동해야 할 때 행동을 주저하는 특징도 함께 갖고 있었다. 순간순간 신중히 결정해야 하는 곳이 주식 시장이다. 여기서 신중하라는 말은 절대로 자기 생각대로 하라는 의미가 아니다. 오히려 다른 사람들은 어떻게 생각하고 있는지를 살펴야 한다. 다른 사람에 대한 생각의 배려가 돈을 가져다 주는 곳이 주식 시장이다.

가만히 있는 시장을 욕하지 마시라. 마음대로 상상해서 남보다 많이 벌겠다고 먼저 움직이지 마시라. 시장은 절대로 여러분을 속이지 않는다. 여러분이 자신의 욕심 때문에, 그 누구도 아닌 스스로에게 계속 속고 있을 뿐이다. 시장은 늘 솔직하다. 시장은 우리가 싸워서 이겨야 하는 대상이 아니다. 시장과 친구처럼 잘 지내야 돈을 벌 기회가 늘어난다. 시장은 우리를 절대 속이지 않지만, 시장과 맞서 싸워 이기려 들면 반드시 아픈 손해를 준다.

이게 최선입니까?

우리는 살아가면서 아주 많은 선택을 해야 한다. 의식적으로 여러 가지를 따져서 선택하는 경우도 있지만, 무의식적으로 하는 선택도 상당히 많다. 걸음을 걷기 시작할 때 왼발을 먼저 딛느냐 오른발을 먼저 내미느냐도 일종의 선택으로 볼 수 있지만 별 생각 없이 하는 선택이다. 그런데 여러 가지를 고려해서 내려야 하는 선택에는 정도의 차이는 있겠지만 반드시 고민이 따른다. 매일의 점심 메뉴를 고민하는 것과 같이 일상생활에서 자주 나타나는 선택 말고, 자신의 인생에 큰 영향을 미칠 것 같은 선택을 할 때는 정말 많은 고민을 하게 된다. 그 선택의 결과가 자신의 예상대로 되지 않을 때는 또 다른 고민이 생긴다. 인생에서 큰 성공을 거둔 분들을 만나보면 과거의 선택이 자신의 인생 성공을 가져왔다며 선택의 중요성을 역설하는 사람들이 많았다.

과연 우리는 우리의 선택에 얼마나 만족하며 살아가고 있을까. 대학 진학과 진로 선택, 취업의 선택 그리고 결혼의 선택 등 많은 선택에서 단 하나의 후회도 없는 사람이 있을까? 당장 나만 해도 헛발질의 명수다. 늘 기가 막힌 선택은 놓치는 편이다. 그렇다고 아주 형편없는 선택으로 말미암아 인생에 결정적인 충격을 주는 결정 또한 하지 않는 편이다. 평범하다면 평범한, 그렇고 그런 선택 능력을 가진 사람이다.

일반적으로 선택에 따라 미래가 달라지기는 하지만, 그렇다고 해서 우리가 마주치는 선택 상황의 결과가 반드시 극과 극으로 갈리는 경우는 많지 않다. 그래서 우리는 조금 고민하다가 최선이거나 아니면 차선을 선택하게 된다. 그러면 그 결과 역시 대개는 최선 아니면 차선이다. 또 노력 여하에 따라서는 그 간격을 좁히거나 역전시킬 수 있을 정도이다. 그런데 그렇지 않은 곳이 있다. 바로 주식 시장이다. 주식 시장에서야 말로 선택의 중요성을 아무리 강조해도 지나치지가 않다.

우리의 인생에서는 최선의 선택이 어려울 때, 차선을 선택해서 오히려 더 좋은 결과를 얻을 때도 있다. 하지만 반드시 최선의 선택을 해야만 하는 곳이 바로 주식 시장이다. 최선이 아닌 차선의 선택을 할 바에야 차라리 선택하지 않는 것이 나을 수도 있는 곳이 주식 시장이다. 시장에는 항상 주도주가 존재한다. 모든 시장의 관심을 받으며 주가는 상승한다. 그런데 이 주도주가 이미 움직였다는 이유로 주도주와 유사한 성격의 다른 주식을 매수하는 경우가 있다. 이 주식은 아직 가격이 오르지 않아서 안심된다는 이유로 최선이 아닌 차선의 주식을 산다. 이럴 때, 주도주는 계속 오르는데 이 차선으로 택한 주식은 잘 오르지 않는 경우가 많다. 이 매매는 중요한 증시 격언을 2가지나 어겼다. 하나는 '달리는 말에 올라 타라.'이고 또 하나는 '용감한 자만이 미인을 얻을 수 있다.'라는 것이다.

배우 현빈이 드라마 〈시크릿 가든〉에서 해서 한때 인기가 있었던 대사 "이게 최선입니까?"가 반드시 지켜져야 하는 곳이 주식 시장이다. 주식을 하며 최선이 아닌 차선의 선택이 당신의 투자 결과를 위험으로 끌고 갈 수 있다는 사실을 잊지 마시길 바란다. 주식 시장은 오로지 최선만이 존재하는 곳이다.

서학 개미 되어 볼까?

요즘 개인 투자자를 '스마트 개미'라고 부른다. 정보 획득 인프라의 발전으로 이제는 전문가와 견주어도 손색이 없는 속도와 양으로 투자 관련 정보를 획득하고 SNS를 통해 어느 정도의 의견 통합도 이루어지는 수준에 이르렀다. 개인 투자자, 일명 개미들은 주로 외국인 투자자나 기관의 뒤나 쫓아다니다가 나중에는 그들의 총알받이가 돼서 다 털리고 쓸쓸히 시장을 떠난다는 속설은 다 옛말이다. 이 동학 개미들은 한국 시장에만 머무르지 않았다. 미국 등 해외 증시에 직접 투자에 나서면서 '서학 개미'라는 별칭도 얻었다. 최근 한 증권사 자료에 의하면 이러한 서학 개미 중에서 2030세대의 비율이 1년 전과 비교해 두 배가량 증가했다고 한다.

이 리포트에 따르면 2021년 1월 기준 연령대 비중은 30대가 37.0%로 가장 많고 20대가 27.5%로 뒤를 이었다. 해외주식 투자자 3명 중 2명(64.5%)은 2030세대인 셈이다. 1년 전(36.8%)에 비해 그 비중이 큰 폭으로 증가했다. 또한, 지난 1년간(2020년 1월~2021년 1월) 연령대별 해외수식계좌 증가율에서도 20대(2,437%)와 30대(1,186%)는 압도적인 증가율을 보였다. 이는 지난해 팬데믹의 여파로 '동학 개미 운동 열풍'이 진행되며 젊은 세대들의 주식 투자 관심도가 상승했기 때문으로 해석된다.

이러한 MZ세대의 동서양을 뛰어넘는 금융 자산 시장의 참여는 앞으로 금융 자산 투자에 대한 시각과 투자 성향의 변화를 가져올 것이며, 이것이 일시적인 현상에 멈추지 않고 적극적인 자산 관리 수단으로 성장할 것이 분명하다. 그래서 내가 자주 언급하는 것이 절대 주식 시장을 과거의 잣대로 분석하지 말라는 것이다. 시장은 새로 유입된 세력으로 인해 시시각각 변하고 있다.

예탁결제원 자료에 따르면 국내 투자자들의 해외주식 보유금액이 작년 말 기준 471억 달러로 미국 주식이 전체의 79.3%를 차지한다고 한다. 이는 전년 대비 21.1%p 증가한 것이고 결제금액 기준으론 미국 주식이 90.2%에 달한다고 하니, 서학 개미의 대부분은 미국 시장에 투자하고 있는 셈이다.

내 유튜브 채널 '백만개미'에 올라오는 댓글을 보면 동학 개미이면서 서학 개미를 겸하고 있는 분들이 제법 많이 계신다. 적절히 수면을 취하기는 하겠지만 밤낮 안 가리고 주식 투자를 하고 있는 것이다. 당연히 집중도가 떨어질 수밖에 없다. 또한 해외 시장은 알려진 정보 외에 시장의 흐름을 파악하는데 불리할 수밖에 없다. '게임스톱', '이항', 'AMC' 등 이런 주식들의 변동성에 대한 대비는 아무래도 늦을 수밖에 없다. 그럼에도 서학 개미 노릇을 잘하시는 분들을 보면 참 대견하고 대단하다는 생각이 든다.

　최근에는 미국이나 중국 시장에 직접 투자하는 분들이 많다. 더는 해외 주식에 직접 투자하는 것이 특별하지도 않다. 어차피 주린이라서 국내 시장도 깜깜이고 해외 시장도 깜깜이인 것은 마찬가지이니 무조건 하겠다면야 말릴 수는 없다. 그렇지만 해외 주식 직접 투자는 국내 시장 투자보다 신경 쓸 일이 늘어난다. 작년이야 미국 증시도 워낙 좋았으니 그저 유명한 종목만 따라 사면 수익을 안겨 주었지만, 올해부터는 다를 수 있다는 점도 간과하면 안 된다. 하나 더, 뉴욕 시장에 상장된 중국기업들이 가끔 행하는 황당한 일들도 조심해야 한다. 그래서 나는 투자 경험이 적다면, 해외 주식에 무작정 직접 투자로 뛰어들기 전에 관련된 ETF(상장지수펀드)를 먼저 투자해보기를 권한다. ETF 투자도 금융 자산 포트폴리오를 구성하기 좋은 종목이기도 하다.

PART 4

시장이
숨기고 있는
것들을
파악하라

답이 없는 것도 답이다

우리가 살아가는 세상에는 정답이 없는 경우가 많다. 특히 요즘에는 여러 가지 가치관이 서로 공존하는 시대이다 보니 더욱 무엇이 정답이고 무엇이 틀린 답인지 그 구별이 확실하지가 않다. 예를 들어 강남의 비싼 아파트에서 사는 게 인생의 성공이고 행복이라는 사람부터 시골에서 강남 아파트의 10분의 1 정도의 가격밖에 안 되는 집에서 나름의 행복을 느끼며 살아간다는 사람까지 아주 다양하다. 그 누구도 정답이고 아니고를 따질 수 있는 문제가 아니다. 나름의 가치관대로 살아가면 된다.

주관에 따르지 않고 반드시 답을 내어야만 하는 것들도 있다. 만약에 대학 입시를 위한 수능 문제에 정답이 없다면 이건 큰 사고다. 하물며 복수의 답만 나와도 온 나라가 한바탕 난리를 쳐야 끝날 일이다. 내가 아주 오래 살지는 않았지만, 지하철을 공짜로 태워 주는 나이를 훌쩍 넘기고 보니 뭐 세상에 꼭 답이 필요한 것도 아닌 듯싶다. 그러나 범죄 사건 같은 것은 어찌 되었건 답을 내야 한다. 대법원까지 가는 3심을 진행하는 사이에 결론을 내야 한다. 특히 정치 관련 사건은 그 답을 가지고 의견이 많다. 심지어는 잠도 안 자고 토론을 해보자는 방송 프로그램까지 있다. 이게 그럴 일인지는 잘 모르겠지만 그래도 시청률이 꽤 나와서 장사가 되는 모양이다.

그런데 이렇게 시끄럽게 서로 난리를 치면서 답을 내자고 하는 곳이 또 하나 있다. 주식 시장이다. 앞으로 주가가 계속해서 올라갈 것이라는 낙관론자와 이미 너무 올라서 떨어질 일만 남았다는 비관론자 내지는 걱정론자. 하루도 조용한 날이 없다. 그야말로 야단법석이다. 저마다 자신의 의견이 정답이라는 주장에 대한 신뢰를 높이기 위해 많은 자료를 동원한다. 주식의 전문가가 되려면 말도 잘해야 한다. 주변을 설득시킬 수 있는 언어적 능력이 있다면 두말할 나위 없이 좋다. 어찌 보면 나도 그 부류에 속하는 사람이다. 유튜브를 통해 주식 관련 얘기를 하고 있기 때문이다. 물론 늘그막에 재능기부 차원에서 시작한 일이니 이걸 직업으로 해야 하는 친구들에 비하면 덜할 수도 있겠지만, 사실 스트레스가 이만저만이 아니다.

주가의 향방은 신도 모른다는데 알량한 경험과 자료를 가지고 시장의 향방이 어떻게 될 것이라 떠들고 있으니 정말 신이 보신다면 벌 받을 일이 분명하다. 그러니 지금이라도 '백만개미' 유튜브 채널을 열심히 보고 계시는 구독자들께서는 그냥 주식 시장에 오랫동안 있었던 늙은 증권쟁이는 그렇게 생각하는구나 정도로 참고하시길 부탁드린다. 주가 예측에 뛰어나다는 소위 전문가들이 그래서 돈을 많이 벌었을까? 별로 그렇지도 않은 것 같다. 주식 시장을 예측하는 것하고 돈을 버는 것은 또 다른 영역인 것 같다. 시장 예측 말고도 다른 많은 것들이 필요한 게 주식 투자다.

불확실성의 안개 속을 가는 주식 시장이지만 맞고 틀림을 떠나 시장에 대한 답이 없으면 투자자는 불안하다. 그러니 틀려도 좋으니, 아니 정확하게 말하면 틀릴 수도 있지만 명확한 답을 갖고 싶은 것이다. 비교적 시장의 미래를 경험과 분석으로 흐릿하게나마 예측할 수 있을 땐 답을 내기가 편한데, 도대체 한 치 앞도 보이지 않을 때는 정말이지 죽을 맛이다. 뭐라고 얘기하지. 그래서 언제부터인가 내가 선택한 방법은 "저도 잘 모르겠습니다."라고 솔직하게 말하는 것이다. 마음은 다소 편해졌는지 모르겠지만 당최 체면이 말이 아니다. 아니, 전문가라는 사람이 모르겠다니. 그래도 어쩔 수가 없다.

사실 주식 시장은 모를 때가 더 많다. 그렇게 잘 알면 최소한 준재벌 정도는 되어 있어야 한다. 큰일 났다. 이 글에다 이런 비밀을 공개했으니 앞으로는 내가 뭘 얘기해도 믿지 않으시는 분들이 많아질 것 같다. 그렇지만 마음대로 하시라. 사실이니까.

주식 시장은 늘 한 방향으로만 진행되지 않는다. 그러니 그러한 변곡점 근처의 시장은 더더욱 답이 모호하다. 사실 그런 지점에선 개미 투자자는 물론 전문가들도 시장의 답을 내기가 어렵다. 물론 고장 난 시계도 하루에 두 번은 맞는다는 소신으로 말이 되건 안 되건 자신의 고집만 주장하는 사람들도 간혹 있다. 그런 사람들이 부러울 때도 있다. 시장 상황이 어떻게 되건 습관적으로 시장의 답을 내서 그 답에 의지해야만 하는 분들이 늘어났다. 이렇게 시장의 답을 억지로 내서 그게 무리한 매매로 이어지면 그 결과 또한 좋지 못한 것은 아주 당연하다.

상승이 대세인 시장에서도 모든 종목이 늘 오르지는 않는다. 간혹 '숨 고르기'라 부르는 조정기를 거치게 된다. 이 조정기는 또 새로운 상승을 위해 필요하기도 한 것이다. 그런데 많은 투자자는 이 조정기를 아주 힘들어한다. 초보 투자자일수록 더 조바심을 낸다. 이 성급함은 결국 엉뚱한 매매를 불러오고 이 잘못된 매매가 큰 손실로 이어지기도 한다. 이런 때는 시장이 답을 줄 때까지 기다려야 한다. 시장이 방향성을 정할 때까지 기다렸다가 다소 늦게 움직이는 것이 더 유리할 수가 있다. 이럴 때 자기 마음대로 상상해서 시장보다 먼저 움직이는 것은 아주 위험한 행동이다. 주식 시장은 오래 참고 기다린 대가로 돈을 주는 곳이기도 하다.

시장에서 답을 구할 수 없을 때 무리해서 억지로 답을 내려고 하지 마시라. 주식 투자에서는 아무 답이 없는 게 또 하나의 답이 될 때가 있다.

찌라시의 최후

요즘에는 이곳저곳에서 이 단어를 사용하기 때문에 '찌라시'라는 용어가 생소하지 않다. 원래 사전적 의미로는 어떤 이념, 주장이나 사물의 존재 가치 따위를 여러 사람에게 널리 전하거나 알리기 위해 만든 쪽지를 속되게 이르는 말이다. 벌써 눈치채셨겠지만, 일본어에서 온 단어이다. 원래는 증권 업계에서 시장과 관련된 여러 소문과 확인이 어려운 정보 등을 업계 내부에서 서로 공유하던 것인데, 이제는 그 범위가 넓어져 연예, 정치 등으로도 확산된 상황이다. 더구나 최근에는 여러 SNS 망을 타고 순식간에 펴져 나간다.

　내가 처음 증권사에 입사한 1970년대 후반만 해도 투자 정보라는 것을 접하기가 힘들었다. 당시 근무하던 삼보증권 같은 대형사들을 중심으로 고객 서비스 차원에서 매주 월요일 아침 등사지에 등사본으로 만든 4~5페이지짜리 '주보'가 있었다. 주로 토요일 오후에 지금의 리서치 파트에 해당하는 조사부에 의해서 만들어졌는데, 그 작업이 만만치가 않았다. 내용을 조사부 직원이 작성하고 조사부장의 최종 검토를 받는다. 그 이후 직원이 등사용 기름종이에 타이핑하고 등사기에 붙이고 새까만 등사용 잉크가 묻은 롤러를 밀어서 한 장 한 장 만들어 내는 것이다. 정말 한 땀 한 땀 만들기에 그 정성으로 치면 이탈리아 명품 저리 가라지만, 그 내용은 새로운 뉴스라기보다는 지난 얘기를 적어 놓은 것에 가까웠다. 그래도 그 시절엔 월요일 아침에 주보를 읽은 사람과 안 읽은 사람과의 정보의 편차는 엄청난 것이었다. 그러니 월요일 아침 명동의 대형 증권사 영업부 창구는 주보를 받으려는 투자자들로 거의 청약 창구 수준의 생동감을 과시하며 새로운 한 주를 시작하곤 했다.

그러다 인쇄물로 바뀐 자료에서 인터넷의 출현으로 이제는 손바닥에서 미국 주식 시장도 들여다보는 세상으로 바뀐 것이다. 과거보다는 개인 투자자들의 상대적 정보 열세가 많이 줄어들긴 했지만, 이제 정보의 양보다는 분석 능력이 더 요구되는 상황으로 변하고 있다. 그래도 그때나 지금이나 변치 않는 것은 남보다 더 은밀한 정보를 끊임없이 먼저 가지고 싶다는 마음이다.

과거 증권사에 경찰서에나 있음 직한 정보과가 있었다. 1980년대 들어서면서 각 증권사는 정보과라는 편제를 만들었고 그 조직은 주식 시장과 관련된 여러 가지 루머들을 수집하기 시작했는데 이들이 보고용으로 만든 문건을 '찌라시'라고 부른 것이 시초다.

처음에는 상장사 중심의 확인하기 어려운 루머 등을 수집하고 보고하다가 점차 그 범위가 넓어져서 연예인이나 재벌, 재벌과 정치권 등으로 범위가 확대 되었다. 이 찌라시는 나름대로 등급이 있어서 등급에 따라 전달되는 직급이 정해져 있었다. 가장 높은 등급은 자연히 최고 경영자이고 점차 등급이 낮아지면서 임원급, 부장급… 이런 식으로 보고 체계도 갖추고 있었다. 이 정보과 직원들은 여러 회사의 정보과 직원끼리 매일 미팅도 가졌고 수시로 정보 교환을 통하여 내용을 강화했다.

내가 영업 추진 본부장을 지내던 시절, 이 정보과가 영업 추진 본부에 소속되어 있어서 찌라시를 원 없이 접했었다. 그런데 이 찌라시의 역기능은 엄청났다. 고객들에게 보다 많은 정보를 제공하자는 의도에서 시작된 것이 되려 고객들을 나락의 함정으로 몰아넣는 주범이 되었다. 특히 초보 투자자들에겐 때론 치명적이기까지 했다.

시장엔 늘 '남보다 더 빨리, 남보다 더 많이'를 외치는 사람들로 가득하다. 지금도 마찬가지이다. 이 찌라시가 그런 심리를 파고들었다. 대박을 노리는 투자자에겐 이 찌라시 만한 것이 없다. 은밀히 전해진다. 은밀하면 할수록 그 정보의 신뢰도는 올라간다. 그래서 대부분은 정보 내용이 잘 정리되어 타이핑된 것보다는 다소 조악하게 복사된 것을 더 잘 믿는 경향이 있었다. 이유는 각자 생각해 보시라.

시장의 작전 세력들이 이 기가 막힌 물건을 그냥 놓아둘 리가 없다. 결국 사람들을 물귀신처럼 끌고 들어간다. 여기에는 연령, 학력 이런 게 아무 소용없다. 각자의 욕심만큼 당하게 되어 있다. 요즘 시대는 이 찌라시가 카카오톡 같은 전달 수단을 타고 더 빨리, 더 넓게 퍼져 나간다.

어떤 모임에 참석한 적이 있다. 다행히 그중에는 주식 투자를 오래 했거나 관심이 많은 분이 없어 보였다. 알아보는 분이 없었기에 그냥 가볍게 차를 마시는 도중, 어떤 분이 주식 얘기를 꺼냈다. 무용담과 실패담이 오가는 사이 어느 한 분이 묻는다 "그럼 지금 뭐 사면 돼요?" 또 한 분이 대답한다. "내가 잘 아는 주식 투자 고수가 있는데 그 사람이 대박 난다고 추천한 종목이 있어요."라며 그 고수와의 카톡 내용까지 보여준다. 악! 이게 무슨 일인가. 이분은 왜 셰프 앞에서 행주를 흔드냐는 말이다. 오랜 경험은 내 입을 닫게 했다. 얼마 후 추천한 종목은 폭락했고 내 신분도 우연히 다른 분에 의해서 탄로가 났다.

너무너무 믿고 싶은, 믿고 들어가기만 하면 큰 이익을 가져다줄 것 같은 찌라시를 접하면 일단 멈춰서 생각해 보시라. 오죽하면 이런 '천기누설' 같은 정보가 나한테까지 올까 하고 반문해보는 것이다. 세상 일에 공짜는 없다.

테마주, 계절주 공략 포인트

투자하다 보면 시장에 갑자기 나타나서 화려한 상승을 보여 주는 종목들을 마주치고는 한다. 바로 '테마주'이다.

어떤 이슈가 발생하면 그 이슈에 관련되는 종목들이 함께 등락을 하는 종목군들을 테마주라 부른다. 이런 테마주들은 이슈의 종류만큼이나 다양한데 정치, 경제, 문화, 신사업, 자원개발 등의 많은 종류가 있고, 계속해서 바뀌어 간다. 그중에 계절적 특징을 가진 '계절주' 그리고 선거철이면 단골손님 같이 등장하는 '정치 테마주', '대북 관련주' 등이 대표적인 테마주다. 특히 선거 때만 되면 유력 후보자와 관련되어 있다는 종목들이 일제히 상승하곤 한다. 최근 한국판 그린뉴딜 정책에 관련된 종목들도 일종의 테마주로 봐야 한다. 이번 코로나 대유행과 함께 나타났던 마스크 관련주, 진단 키트 관련주, 치료제 관련주도 역시 테마주다.

이렇듯 테마주는 당시 최고의 이슈를 타고 나오게 되어 있다. 테마주의 특징은 일단 이슈가 전해지면서 그와 관련된 종목들이 일제히 상승한다는 점이다. 그러나 시간이 흐르면서 시장은 자연스럽게 진짜 해당 이슈와 관련이 있는 기업인지 아니면 설득력이 부족한 소문 등으로 덩달아 오른 것인지를 구분한다. 심지어 유력 정치인과 동향이라든지 회사 임원이 같은 대학 동문이라든지 도저히 이해 안 되는 이유로 초기 상승에 동참했던 종목의 최후는 정말 끔찍하다. 그래서 이런 테마주 투자에선 항상 그 이슈를 대표하는 선도주에 투자해야 한다. 대표 선도주에서 멀어지면 멀어질수록 이슈와의 연관성 또한 멀어진다. 투자 결과도 가혹하다.

테마주의 황당함을 실제로 보여 주었던 사건이 있다. 1980년대에 중국 정부가 북쪽에서 불어오는 세찬 바람을 막으려고 만리장성에다 어마어마한 바람막이를 설치한다는 이야기가 증시에 퍼졌다. 나도 만리장성을 다녀온 적이 있지만, 그 엄청난 규모의 돌 구축물 위에다 어떻게 바람막이를 설치한다는 말인가? 그런데 중국이라서 가능하단다. 심지어 그 바람막이는 알루미늄으로 제작될 것이고 이미 국내 알루미늄 생산업체를 점찍고 있다는 것이다. 그 바람막이가 설치되면 위성에서 보는 지구 사진을 바꿔 놓을 거란다. 설치 공사에 동원되는 중국인 인부들에게 지급할 고무신도 우리나라의 모 회사 제품이고 이들 인부에게는 간식으로 호빵이 지급되는데, 이것도 우리나라 식품회사 제품이란다. 그런데 그쪽 기후가 나빠서 혹시 호빵 먹고 체하는 인부들을 걱정해 우리나라 제약사의 유명한 소화제가 지급될 계획이란다.

지금 생각하면 황당무계한 이야기지만, 당시 시장에선 이 루머가 관련 주식들의 주가를 일제히 끌어 올렸다. 뒤늦게 올라탄 사람들의 결과는 불 보듯 뻔했다. 이렇듯 테마주 투자는 기업의 펀더멘탈보다는 단기 이슈를 쫓아서 급상승을 하기 때문에 투자에 상당한 위험이 따른다는 사실을 유념해야 한다. 그렇지 않은 정책적인 이슈나 비교적 장기적 이슈에 속하는 종목이라면 이슈의 중심에 있는 선도주 위주의 투자가 바람직하다. 결국 테마주에 대한 투자에 앞서 해당 이슈가 가능성이 있는지, 얼마만큼 시장에 영향을 줄 수 있는 이슈인지를 반드시 점검해야 한다. 초단기적 이슈에다가 이슈의 중심이 아닌 소위 변두리 주식에 대한 투자는 심각한 자산 손실을 가져다 준다는 사실을 명심해야 한다.

계절주는 테마주의 영역에 있지만, 일반적으로 예측이 가능하고 계절적 특징을 갖고 있기 때문에 과거 주가의 흐름을 파악하기 용이하다는 장점도 가진다. 아주 특별한 분석 능력이 없더라도 일반인이 쉽게 다가갈 수 있는 영역이기도 하다. 밀짚모자는 언제가 가장 쌀까? 당연히 겨울이다. 이 사실을 깨달았다면 이미 계절주 투자는 반 이상 이해한 셈이다. 왜 밀짚모자가 겨울이 제일 쌀까? 겨울엔 필요 없으니 찾는 이가 당연히 적다. 그래서 가격이 싸다. 그러나 여름이 돼서 햇빛이 따가워지면 많은 사람들이 밀짚모자를 찾게 되고 가격은 올라간다. 이렇게 지극히 당연한 사실이 여러분에게 돈을 가져다줄 수 있다.

내가 아는 지인 중에는 이러한 계절주만 집중적으로 공략해서 연간 20% 이상의 적지 않은 수익을 꾸준히 올리는 분도 있다. 우리나라는 여름엔 덥고 겨울엔 춥다. 이 사실 하나만 가지고도 우리는 많은 계절주들을 연상할 수 있다. 여름에는 냉방기기나 빙과류 관련 주식이 오른다. 당연히 이들 종목은 겨울에 쌀 때 사야 한다. 그 6개월을 못 기다리면 계절주를 남보다 비싸게 사야 한다. 봄이 되면 황사가 매년 극성을 부린다. 당연히 마스크 관련주가 움직인다. 여름 폭염이 기승을 부릴 때를 삼복이라 부른다. 당연히 닭고기 관련주들이 오른다. 2021년에는 코로나19 때문에 미뤄진 올림픽이 개최될지 모르겠지만, 올림픽이나 월드컵 같은 글로벌 스포츠 행사는 치킨과 맥주 관련 회사의 주가를 움직인다. 내 경험으론 주요 경기가 우리나라 시간으로 주로 밤에 이루어져야 효과가 크다.

지금까지 나열한 이야기 중 이해가 안 되는 게 있는가? 다 우리와 친숙하고 생활과 밀접한 이야기들이다. 그러나 반드시 점검해야 할 사항들이 있다. 해당 종목의 재무상태 점검이다. 싸게 사서 오르기를 기다리는 동안에 회사에 재무적 문제가 발생하면 안 된다. 그리고 과거 움직임을 통해 가능한 낮은 가격을 찾는 노력도 필요하다. 그리고 이것도 일종의 유행이기 때문에 그 트렌드가 유효한지도 따져 봐야 한다. 밀짚모자는 유행이 지나서 사용하지 않고 대신 파라솔을 쓰면 낭패다. 어쨌든 테마주와 계절주의 매력은 주식 투자에서 버릴 수 없는 대상이다.

피해야 하는 주식

주식 투자에서 반드시 지켜야 하는 것 중 하나가 피해야 하는 주식은 반드시 피해야 한다는 것이다. 이 글 제목만 보면 그 내용이 무엇일지 초보 투자자라도 금세 알아차릴 수 있다. 그런데 이 평범한 상식을 지키지 않아 큰돈을 잃고 낭패를 보는 투자자가 의외로 많다. 그도 그럴 것이 주식 시장에는 무려 2,000여 개의 종목들이 있다. 그 중 건실한 종목이 과연 몇 개나 될까? 이 관점에서 보면 피해야 하는 종목이 더 많다는 결론에 이른다.

자신이 매수한 주식이 예상대로 큰 상승을 보여 주면 더없이 좋겠지만, 투자 현장에선 그렇지 못한 경우가 더 많다. 그나마 주가가 떨어지지라도 않으면 다행인데, 보통 사자마자 주가가 빠지기 일쑤이고 심지어는 상장폐지를 당하기도 한다. 주식을 매수하면 우리는 그 기업의 주주가 된다. 좋은 기업의 주주가 되어야 함은 누구나 안다. 그런데 아는 대로 행동하기가 쉽지 않다. 이 지극히 평범한 상식이 잘 지켜지지 않는다. 왜 그럴까? 바로 욕심 때문이다. 남보다 더 빨리 그리고 남보다 더 많이 벌겠다는 욕심은 이 평범한 상식을 무시하게 만들고 자신이 사고파는 동안에는 별일 없을 것이라는 근거 없는 배짱마저 만들어 낸다.

나는 지난 수십 년 간 이러한 투자자들을 수 없이 만났다. 그리고 피해야 하는 주식을 욕심 때문에 매수한 대부분의 투자자들은 그 결과도 당연히 나빴다. 머리로는 알지만, 몸이 말을 안 듣는 곳이 주식 시장이다. 바로 욕심 바이러스 때문이다. 이 바이러스는 백신도 없고 치료제도 없다. 그런데 아주 쉽게 고치는 방법이 있다. 그저 욕심을 조금 내려놓는 것이다. '남들보다 더…'가 아니고 '남들 만큼만…'으로 생각을 바꾸는 순간 씻은 듯이 치료된다.

기업이 연속적인 적자를 내고 있거나 임원들이 배임이나 횡령에 자주 연루되었다는 공시가 있는 기업, 관리대상 종목에 선정되는 기업들의 주식은 피해가는 것이 좋다. 싸게 사서 비싸게 팔라는 말은 결코 싼 주식을 사라는 뜻이 아니다. 또한 지나치게 가격이 낮은데 상대적으로 자본금이 큰 기업도 요주의 대상이다. 자주 정관의 사업목적을 추가하거나 삭제하는 기업도 조심해야 한다. 전환 사채 (CB)*나 신주인수권부 사채(BW)** 발행이 잦은 기업도 불안한 기업이니 피하는 게 좋다.

---

* 영어로는 CB(convertible bond)라고 표기한다. 일정한 조건에 따라 채권을 발행한 회사의 주식으로 전환할 수 있는 권리가 부여된 채권이다. 전환 전에는 사채로서 확정이자를 받을 수 있고 전환 후에는 주식으로서 이익을 얻을 수 있다. 즉, 사채와 주식의 중간 형태를 취한 채권이다.

** 인수권과 회사채가 결합된 것으로, 회사채 형식으로 발행되지만 일정 기간이 경과하면 미리 정해진 가격으로 주식을 청구할 수 있다.

기본적으로 금융감독원의 전자공시시스템을 자주 확인해 볼 필요가 있다. 의외로 각 기업의 경영과 재무 상황을 정확하게 파악할 수 있는 수단이다. 분기, 반기 보고서와 감사 보고서는 필독을 권한다.

기업의 상황은 나쁘지만 세력이 얼마까지 주가를 올릴 계획이고, 경천동지할 엄청난 사업이 전개될 계획이 임박했다던가 주포가 어쩌구 하는 말들은 모두 피해 가야 하는 종목에서 나오는 단골 메뉴이다. 피해야 할 기업을 한눈에 정리해 보면 이렇다.

1) 빚으로 사는 기업: 매출도 적고 지속적으로 손실이 나는데 계속해서 채권 발행 등에 의존해 살아가는 기업.
2) 카멜레온 기업: 매번 주식 시장에서 이슈가 되는 사업을 급히 정관 변경을 통해 사업 목적에 추가하고 그 사업 진행을 위한 3자 배정, 유상증자나 전환사채 발행을 자주 하는 기업.
3) 껍데기 재생 기업: 빈 껍데기만 남은 회사(흔히 M&A 시장에서 '쉘'이라 부른다)를 인수해서 엄청난 사업을 전개한다고 소문을 내고 기업 인수를 진행 중인 기업.
4) 판타지 기업: 황당한 이슈를 가지고 투자자를 현혹하는 기업. 예를 들어 보물선 발굴이나 예전 정권 비자금 관련 기업.

상기와 같은 기업들은 반드시 피해 가야 한다. 이미 저질러 놓고 나에게 해결책을 물을 때는 정말이지 답이 없다. 그런데 재미나는 사실은 대개 이런 종목들은 다들 주변 누군가가 은밀히 추천해서 샀다는 공통점이 있다. 우리가 집을 사거나 자동차를 사거나 가전제품을 살 때, 주변인의 추천을 받고 자세한 내용도 알아보지 않은 채 무작정 사는지를 생각해보자. 하물며 주식 투자는 더 큰 돈이 들 때도 있는데 왜 제대로 모르는 종목을 들어가는가. 주식 매매의 최종적인 확인과 결정은 본인의 몫이다. 버는 것도 중요하지만 손해 보지 않는 것도 주식 투자 잘하는 방법이다.

전문가의 말에 숨은 진실

"증권회사 직원에게 '지금이 주식을 사야 할 때입니까?'라고 묻는 것은 이발사에게 지금 머리를 깎아도 되느냐고 물어보는 것과 같다." 워런 버핏의 말이다. 나도 증권회사 근무 시절에 이 질문을 참 많이 받았는데, 항상 지금이 주식을 사야 할 때라고 말했었다. 다만 묻는 사람과 답하는 사람의 입장은 묘한 차이를 갖는다. 묻는 사람 입장에서야 당연히 지금 주식을 사면 바로 주가가 상승할 것이냐는 물음이고, 대답하는 입장에선 주가라고 하는 것이 긴 흐름으로 보면 상승할 수밖에 없으니 사라는 의미다.

요즘은 많이 달라지고는 있지만, 증권 업계에 종사하거나 주식 시장의 전문가들은 시장에 대한 비관적 견해가 있더라도 공개적인 자리에서 부정적인 의견을 말하기에는 태생적, 구조적으로 어려움이 많다. 그래서 일반적으로 개인 투자자들이 공개적인 매체를 통해 접하게 되는 전문가들의 견해를 오해해서 듣는 경우가 많다. 주로 불분명한 표현들이 그 대부분이다.

나는 TV 프로그램에 증권 전문가로 출연을 시작해 방송 경험도 30년이 넘는 희한한 경력을 가진 증권쟁이다. 그 시절에도 복잡하고 어렵다고 느껴지는 경제, 증시 용어보다는 가능하면 일반적으로 알아듣기 쉬운 용어로 말하려고 노력했고, 특히 시장 전망에 있어서는 직설적인 표현을 많이 해왔다. 그러다 보니 실력이 있어서가 아니라 방송에는 잘 어울린다고 생각해서 다양한 곳에 출연했던 것 같다.

사실 가능하면 어려운 경제 용어도 자주 사용하고 때론 좀 어렵게 얘기해야 있어 보인다고 생각했던 시절이니 내 쉬운 표현이 재미있었을 것 같기도 하다. 내가 SBS CNBC(지금은 SBS Biz로 변경) 경제방송에서 앵커를 맡았을 때 있었던 일이다. 오후 2시부터 4시까지 생방송으로 진행되는 프로그램이었고, 그사이에 주식 시장이 마감을 하니 경제방송에서는 나름 비중 있는 시간이었다. 그런데 이 프로그램 진행이 참 재미있었다. 출연하는 증권사 애널리스트나 영업직 전문가들을 섭외해서 방송 전에 그들의 원고를 미리 받고 작가가 방송용 원고를 작성해 방송에 들어가는 시스템이었다.

문제는 방송국의 작가나 피디는 아무래도 주식 시장에 대한 전문성이 다소 부족하다 보니 출연자가 문답을 모두 작성해서 방송국에 보내면 그 원고대로 방송이 진행될 수밖에 없었다. 생방송이지만 진행자는 보내준 질문대로 질문하고, 전문가는 보냈던 답을 그대로 얘기하고 인사하고 사라지면 다음 출연자가 나와서 또 약속된 원고를 읽는 시간을 거쳐 인사하고 퇴장하고를 반복했다. 이런 방송이 과연 시청자들에게 도움을 줄 수 있을까? 이건 아니다 싶었다.

어느 날 한 출연자가 하도 하나 마나 한 얘기를 하길래 사전 원고에도 없던 질문을 생방송 중에 던졌다. "그럼 지금 이 종목 사도 되나요?" 수십 년의 주식 시장 경력을 가진 사람의 입에서는 나올 수 없는 참 무식한 질문이었다. 순간 출연자의 당황한 모습이 역력했다. 난 시장을 오래 경험한 전문가로서 묻는 것에서 벗어나 일반 투자자들이 궁금해하는 것을 일반 투자자 스타일로 물어야 한다고 생각했다. 이제 막 주식 투자를 시작한 주린이처럼. 인이어 이어폰으로 피디의 다급한 목소리가 들려왔다. "위원님! 너무 세요!" 가까스로 정신을 추스린 전문가가 답을 한다. "그러니까 당장 사시라는 것이 아니라 시간을 두고 관찰하시면서…" 어럽쇼 이건 또 무슨 소리인가. 이런 흐리멍텅한 전망도 전망이라고 방송에 나와서 얘기한단 말인가? 내가 또 물었다. "그럼 다음 주쯤 살까요?"

이후로 그 전문가는 내가 해당 프로를 진행하는 동안 다시는 출연하지 않았다. 그리고 업계에선 '한세구 때문에 그 프로그램 출연 안 한다'라는 말까지 공공연하게 돌았다. 지금은 많은 사람들이 유튜브 등을 통해 자신의 견해를 가감없이 말하고는 있지만, 아직도 현직에 있을 경우에는 많은 제약이 있을 수밖에 없다. 더구나 요즘은 자신을 돋보이게 하려는 의도인지는 몰라도 무조건 일반적인 생각과 반대 시각에서 얘기하는 사람들 또한 있다.

그렇기에 우리는 많은 전문가들이 공개적인 매체를 통해 자신의 의견을 피력할 때 그 말속에 숨어있는 진짜 뜻을 알아들을 수 있어야 한다. 예를 들어서 전문가들은 "주식이 떨어질 때마다 분할 매수 하시면…." 이런 얘기를 자주한다. 하지만 듣는 투자자는 얼마만큼의 깊이로 얼마 동안 떨어질지 모르니 몇 번에 걸쳐 매수해야 하는지 몰라 막막할 뿐이다. 그러나 전문가 또한 '나도 저점을 잘 모르겠습니다.'를 이렇게 표현하는 것이다. 또 '증시가 안개 속을 간다.'라는 표현이 있다. 하지만 주식 시장에는 안개가 끼지 않는다. 이 또한 '제가 열심히 노력했는데도 잘 모르겠습니다.' 정도로 받아들이자. 자주 듣는 '시장이 옆걸음질 친다.'는 말도 비관적 전망의 우회적 표현으로 받아들이는 편이 옳다.

우리는 수없이 많은 전문가의 견해를 하루도 빠지지 않고 접한다. 그러나 나름의 기준을 가지고 이 '말속의 말'을 알아차리는 것도 주린이를 탈출하는 방법 중 하나다.

평행이론의 덫

시간과 공간은 다르지만, 과거에 일어났던 일이 시공을 초월해서 똑같이 다시 일어난다는 것이 평행이론이다.

대표적인 예로 에이브러햄 링컨 대통령과 존 F. 케네디 대통령이 있다. 암살자의 총격으로 사망한 미국의 두 대통령을 연구한 학자들은 두 대통령들의 출생과 성장 과정, 그리고 암살과 관련된 여러 가지 상황들이 너무나도 일치하기에 이를 평행이론의 증거라고 말한다. 정말이지 닮은 점이 많지만 몇 가지만 소개해 보면, 두 대통령 모두 머리에 총을 맞고 사망한 점. 링컨 대통령은 포드 극장에서 죽고 케네디 대통령은 포드가 만든 '링컨' 자동차에서 사망한 점. 링컨 대통령을 죽인 암살범은 극장에서 암살하고 창고로 도망간 뒤 잡혔고, 케네디 대통령을 죽인 암살범은 창고에서 저격한 뒤 극장으로 도망가 잡혔다는 것. 두 대통령을 이은 부통령의 이름이 모두 존슨이라는 점. 두 사람 모두 금요일에 죽었다는 점. 이 밖에도 정말이지 두 사건은 많은 공통점을 가지고 있다. 이러니 이 두 사람의 생이 평행이론 안에 있다고 믿게 되는 것이며, 정말 그럴지도 모른다. 평행이론에 따르면 A라는 상황에서 B라는 결과가 나온다면 시간과 공간이 지난 후에도 A라는 상황에서는 B라는 결과가 발생한다는 것이다.

주식 투자에서도 평행이론이 적용된다. 우리가 자주 사용하는 기술적 분석도 이 평행이론을 근간으로 하는 것이다. 과거의 주가의 흐름을 가지고 앞으로 벌어질 주가의 움직임을 예측하는 작업이기 때문이다. 하기야 투자자들에게 과거 주가의 흐름을 분석하여 미래의 주가를 예측하는 일은 상당한 신뢰감을 준다. 특별히 과거의 흐름을 부정해야 할 만큼의 다른 변화가 없는 한, 우리는 과거의 흐름에 상당한 신뢰를 갖고 주가의 미래를 예측하게 된다.

그런데 이 주식 시장의 평행이론은 아주 드물게 생각지도 못한 치명적인 오류를 발생시킨다. 2020년 우리 주식 시장에 휘몰아쳤던 증시 급락 이후에 이어진 개인 투자자들의 대거 유입에 따른 강력한 주가 상승이 바로 평행이론의 대표적 오류 사건이다. 우리 주식 시장은 10년이 넘는 기간 동안 박스권 안에 있었다. 그러다 보니 주가가 상승과 하락을 반복한다고 해도 박스권의 상단과 하단을 오르내리는 것이 전부였다. 그 시기 동안 적지 않은 증권 업계 종사자들은 전쟁을 하지 않는 군인 같은 생활을 계속할 수밖에 없었다. 지루하게 이어지는 박스권 시장에서 주가는 계절적 요인이나 이슈를 중심으로 제한적 움직임을 계속했고 시장의 예측 또한 비교적 간결해졌다. 한쪽 부문의 주식이 오르고 나면 다른 산업군의 주식이 돌아가며 오르는 단순한 순환매가 지속될 수밖에 없었다. 이런 이유로 과거 주가의 흐름을 더듬는 평행이론 안에 갇히고 말았다.

그러나 점점 더 공식화되어 가던 증시의 평행이론은 코로나 팬데믹이라는 전대미문의 사건으로 깨어지고 말았다. 주식 시장에 새로 들어온 개인 투자자들에게 과거는 별로 중요하지 않았다. 외국인과 기관 투자자들의 투매로 급락한 주식을 이렇게 쌀 때 안 사면 언제 사겠냐는 논리로 거침없이 주식을 사 들였다.

꽤나 주식 시장에서 명성을 날리던 분석가들은 그들만의 평행이론에 근거한 경고를 하겠다고 나섰다. 실물 경기의 뒷받침 없는 주가 상승은 곧 무너져 뼈아픈 고통을 줄 것이라고 주장했다. 그리고 오랫동안 박스권에서 기가 막히게 일치하던 평행이론에 따른 각종 과거의 수치와 흔적들을 동원해서 자기주장의 강도를 높여갔다. 이런 명성이 자자한 분석가들의 의견에 따라 주가가 떨어져야 돈을 버는 인버스에 투자하는 사람들도 나타났다. 작년 오뉴월부터 떨어진다던 주가는 계속 올랐다. 이쯤 되면 이미 증시의 평행이론은 틀린 것이다. 1년 내내 주가가 이제 곧 떨어질 것이라고 얘기하는 것은 고장난 시계도 하루 두 번은 맞추는 현상과 마찬가지이다. 이런 일이 왜 일어났을까. 이게 바로 평행이론의 덫이다. 주식 시장은 늘 여러 가지 변수들로 영향을 받아 변한다. 시장은 갈수록 우리의 생각보다 훨씬 빠른 속도로 변하고 있다. 항상 지금의 상황이 시장의 평행이론을 무력화시킬 수 있을 만큼 강력한 것인가를 살펴야 한다. 주식 투자는 미래를 사는 것이다. 억지로 현재를 과거로 끌고 가서 맞추려고 할 필요가 없다. '지금 보이는 것만 믿어라.' 이것이 평행이론의 덫에서 벗어나는 길이다.

작전을 피해 가는 방법

'작전'을 국어사전에서 찾아보면 1. 어떤 일을 이루기 위해 필요한 조치나 방법을 강구함. 2. 군사적 목적을 이루기 위하여 행하는 전투, 수색, 행군, 보급 따위의 조치나 방법. 또는 그것을 짜는 일. 이렇게 나와 있다. 그렇다. 목적을 돈을 벌기 위해서로 바꾸고, 불법적으로라는 단어를 추가시키면 그것이 주식 시장에서 말하는 작전이다. 이미 언급했듯이 작전은 돈을 벌기 위해서 한다. 문제는 이와 같은 작전에는 반드시 희생자가 생긴다. 아니 희생자가 생겨야 돈을 벌수 있는 구조라고 말하는 게 더 정확하다.

시장에 몸담고 있으며 수많은 작전 세력들을 만났다. 우리나라에 내로라하는 작전꾼들은 거의 다 만나 봤다. 그들 중 상당수는 잘못의 대가를 치르기 위해 교도소에 있거나, 여러 차례의 작전 실패로 만신창이가 된 채로 단 한 번의 작전 성공에 인생을 걸고 증시 주변을 맴도는 사람도 있다. 왜 이들은 작전의 유혹에서 벗어나지를 못하는 걸까? 일단 성공하면 엄청난 돈을 가질 수 있기 때문이다.

물론 작전이 성공하려면 주변의 엄청난 피해가 있어야 한다. 우리가 영화에서 봤던 것처럼 작전꾼은 얼굴이 사납게 생기고 행동도 버르장머리가 없을 것이라고 생각하기 쉽지만, 그렇지 않다. 대부분 잘생기고 학벌도 좋고 언변도 좋고 매너도 훌륭하다. 이 작전의 방법도 진화를 거듭해서 감독 당국도 알아내기가 어려울 정도이다. 단순하게 일부 세력들이 특정한 종목을 목표로 삼고 주가를 올려서 팔고 달아나는 잔챙이부터 기업의 인수합병 기법을 통해 작전을 전개하는 세력까지 종류도 다양하다. 작전을 소개하는 책이 아니니까 작전의 내용은 여기까지만 언급하는 것을 이해하시라. 문제는 개인인 우리가 어떻게 해야 이런 작전의 희생물이 안 될 수 있느냐다. 작전 세력도 나쁘지만 거의 대부분이 스스로 작전의 덫에 걸리고 만다. 그 밑바탕에는 탐욕이 있다.

주식 시장에서 돈을 많이 벌기를 바라지 않는 사람은 없다. 그런데 내가 돈을 벌기 위해 하는 지금의 행동이 불법적인가부터 따져봐야 한다. 누군가가 내게 와서 어떤 기업의 대단한 호재가 있으니 그 종목을 사라고 한다면, 이것은 내부정보를 이용한 불법 거래가 되는 것이다. 또 그렇게 기가 막힌 정보를 나에게까지 줄 리가 없다는 생각도 해 보시라. 가족이라면 몰라도 누가 돈 버는 정보를 그렇게 쉽게 주겠는가 말이다. 결국 세력에게 낚이는 것이다. 그런 종목일수록 장래의 청사진은 화려하게 포장된다. 순간적으로 모든 투자자들이 사고 싶어 하는 종목의 탈을 쓴다. 이런 때는 반드시 팩트 체크가 필요하다. 앞으로의 희망이나 가정은 중요하지 않다. 오로지 팩트만 중요하다. 주식 시장에서 남보다 쉽게, 남보다 많이, 남보다 빨리 돈을 벌려고 하면 반드시 작전의 덫에 걸린다.

그러고 보면 그렇게 많은 작전꾼들을 만나면서도 나는 작전에 걸려들지 않았다. 여러 가지 유혹도 있었다. 그렇지만 욕심을 억제하는, 아니 정확히 말하면 돈에 관한 한 별로 욕심이 없는 성격 때문에 피해 갈 수 있었다. 주식 투자의 가장 큰 적은 '탐욕과 미련'이다. 이 컨트롤이 안 되는 순간 당신은 이미 위험 속에 있는 것이다.

PART 5

주식 투자는 결국
멘탈 싸움이다

부자가 되려는 강박에서 벗어나라

주식 투자, 어떻게 하면 성공할 수 있을까? 종잣돈 몇천만 원으로 수백억을 만들었다는 주식 투자 성공 사례를 매체에서 적지 않게 접하게 된다. 이쯤 되면 이 성공담의 주인공은 준 연예인이 된다. 여기저기 매체에 소개되고 여러 방송에 출연하고, 재테크 관련 유튜브에 단골손님이 되고, 심지어는 본인이 "이렇게 주식 투자를 해서 돈을 엄청나게 벌었으니 나처럼 하십시오."라며 직접 유튜버로 나선다. 이런 성공 신화의 주인공만 따라 하면 나도 주식 투자로 대박의 꿈을 이룰 수 있을까? 문제는 그럴 수 없다는 것이다.

내가 아는 어떤 분은 주식 투자 성공 사례와 미담을 속속들이 꿰뚫고 계신다. 아주 세세한 내용까지 주식 투자 성공의 모든 것을 완벽하게 섭렵하셨다. 그런데 본인의 투자 성적은 늘 형편없다. 한 번은 나에게 이런 사정을 얘기하길래 "아, 그런 분들은 로또를 샀어도 부자가 됐을 거예요."라고 대답해준 적이 있다. 흔히 말하는 돈을 많이 벌 팔자를 타고났다는 말이다. 아니, 무슨 주식 투자도 팔자 탓을 하느냐고 물으시겠지만, 오랜 경험을 비춰 보면 전혀 관계가 없다고도 말할 수 없다.

그렇다면 부자 될 운이 없으면 주식 투자에 성공할 수가 없는가? 하는 질문에 다다른다. 문제는 출발이 잘못되었다는 것이다. 주식 투자는 '부자'가 되려고 하는 것이 아니다.

부자가 되어 보겠다며 주식을 시작하는 순간, 이미 주식 투자는 잘못된 방향으로 흘러가고 있다. 보통 모든 학생에게 열심히 공부하라고 한다. 그렇지만 모든 학생에게 수능 전국 수석과 같은 결과를 기대할 수는 없다. 아무리 전국 수석들의 합격 수기와 공부법을 달달 외워도 안 된다. 그렇다고 전국 수석을 못 할 것 같으면 아예 공부를 포기하라고 할 수는 없다. 인생은 원래 되는 게 있고 안 되는 게 있기 마련이다.

물론 인생을 역전시킨 대박의 주인공들이 했던 각고의 노력을 폄하하려는 것은 아니다. 나름대로 훌륭한 투자철학과 철두철미한 준비와 노력들이 그분들을 성공으로 이끌었을 것이다.

나는 경제방송 앵커를 오래 하면서 대한민국에서 주식으로 성공했다는 웬만한 분은 거의 만나 보았다. 그런 분들만 초대해서 경험담을 듣는 프로그램을 진행했기 때문이다. 그리고 주식 투자를 해서 폭삭 망했다는 연예인들도 많이 만나 보았다. 다들 정말 성공을 거두었고 처참하게 손해를 본 것도 사실이었다. 아무래도 이런 성공과 실패의 증인들과 함께 방송을 하면 시청률은 당연히 올라간다. 그런 분들의 출연 자체가 시선을 끌 만하다. 그런데 나는 그 방송을 진행하면서 놀라운 사실을 발견했다. 성공한 사람과 실패한 사람은 개개인은 모두 달라도 비슷한 모습, 즉 투자에 있어서 어떤 공통점을 가지고 있었다.

우선 실패한 사람은 주식을 '홀짝 게임' 같은 느낌으로 접근하고 있었다. 즉, 홀이 아니면 짝이 나오는 게임으로 생각하는 것이다. 그들은 주식은 오르지 않으면 떨어지니 확률 50%의 게임이라고 여긴다. 상당히 그럴싸하게 들린다. 주식을 일종의 게임처럼 생각하는 것인데, 이기면 50%의 확률을 자기 쪽으로 가져오는 것이고 지면 상대 쪽으로 빼앗기는 도박이라는 생각에서 출발하는 논리다. 이런 생각은 정말이지 투자가 아닌 '투기'를 부른다. 그러니 당연히 본인의 운과 주변에 의존한 게임을 시작하게 되는 것이다.

이런 분들의 공통점은 남의 말을 잘 듣는다는 것이다. 누가 이 종목이 대박 날 거라고 추천해서 샀다는 점도 같았다. 그러니 대부분 자기가 산 종목이 어떤 회사인지, 그 기업의 상태는 어떤지, 앞으로 그 기업의 사업 전망이 어떤지는 관심에서 멀어진다. 그 종목을 알려준 사람에게만 모든 것이 집중된다. 믿을 만한 사람이었기에 의심하지 않았고 지금은 그 사람도 당했을 것이라고 위로한다. 투자 실패자들의 가장 두드러지는 공통점은 자기가 실패한 원인이 무엇인지를 정확히 모른다는 것이다.

반면에 성공한 사람들은 달랐다. 그 사람들은 주식 투자를 게임으로 생각하지 않는다는 공통점이 있었다. 자기 나름의 고집스러울 정도의 투자원칙이 있었고, 이 원칙을 지키려는 강력한 행동지침도 가지고 있었다. 그리고 어떻게 하면 시장을 이길 수 있는지 끊임없이 고민하고 노력했다. 당연히 자신이 매수하는 회사에 대해서는 그 회사에 근무하는 보통의 직원보다도 더 많은 내용을 알고 있었다. 그리고 마냥 대박을 좇지 않고 자신의 자산 증식을 위한 자신만의 계획표와 로드맵이 있었다. 그 계획대로 계속 노력하다 보니 주식으로 돈을 많이 번 사람이 되어 있더란 것이다. 이렇게 주식 투자로 성공한 사람들을 계속 만나다 보니 발견한, 그 사람들의 공통점이 하나 더 있다.

그들은 멘탈이 강했다. 아니 정확히 얘기하면 자신의 멘탈을 관리하는 방법을 알고 있었다. 그 사람들이라고 주식 시장에서 실수를 하지 않는 것은 아니다. 모든 투자가 자신이 예측한 대로만 흘러갈 수는 없다. 그런데 그랬을 때 성공한 사람들은 시장과의 싸움에서 실수는 하더라도 멘탈은 빼앗기지 않았다. 그리고 그 늪에서 빠져나왔다. 매번 투자에 성공할 수는 없다. 그런데 실수했을 때의 처리 방법과 그 실수에 대한 평가 분석이 반드시 이어졌다. 그래서 그들의 멘탈은 점점 더 강해질 수밖에 없었다.

예전엔 주식 투자의 주요 성공요소가 '정보의 획득'이었다. 내가 증권회사에 처음 입사한 1970년대엔 더더욱 빠른 정보의 획득이 곧바로 돈으로 직결되던 시기였다. 그래서 앞에서도 말했지만 증권사에서 일주일에 한 번씩 발행되는 '주보'를 얻기 위해 고객들은 명동 증권가에 월요일 아침 일찍 출근해야만 했다. 사실 이 주보라는 게 영업이나 리서치 파트에 있는 웬만한 직원이라면 다 아는 사실을 정리한 수준이었지만, 정보가 부족했던 시절에는 가끔 이 주보가 황금 도깨비 방망이 역할도 적지 않게 해냈었다. 그러다 정식 인쇄물로 법적 지위를 향상시킨 대형 증권사 주보는 나름대로 투자의 길잡이였다.

이런 상황이니 그 당시엔 증권사 직원이 고객에게 유망 종목을 찍어 줄 수밖에 없었고, 그게 회사 차별화의 잣대였다. 그 후 전산화가 이루어지면서 정보의 양도 많아지고 증권사 간의 속도 경쟁도 치열하게 전개되었다. 이렇게 정보의 획득 여부와 양이 투자 결과를 만들어 주던 시절이 한동안 지속됐다. 그러다 완벽한 5G 실현을 눈앞에 둔 요즘, 사실 정보는 차고 넘친다. 해외 시장 정보도 모두 실시간으로 받아볼 수 있고, 기업 정보도 흘러넘친다. 나와 같은 유튜버들도 자신의 경험과 노하우를 끊임없이 전달하고 있다. 그것도 공짜로 말이다.

이런 상황에서 이제는 주식 투자가 멘탈 싸움이 됐다. 시장에서 멘탈을 잃으면 초원의 패자처럼 잡아먹힌다. 멘탈이 강해지려면 어떻게 해야 하는가? 나는 이번 장에서 그 점을 말하려고 한다. 증권업계 40여 년의 경험과 사례들을 총동원해서 말이다. 자본주의 사회에서는 모두가 똑같은 몫을 나눌 수는 없다. 그러나 같은 '비율'로 나눌 수는 있다. 그렇게 하려면 합리적인 매개체가 있어야 한다. 나는 그 매개체가 주식이라고 생각한다. 지금까지 우리가 생각해 낸 것 중 가장 합리적이라는 생각이다. 이제는 우리나라 기업들도 과거와 달리 주주들에 대한 생각이 많이 바뀌고 있다. 아직 미흡한 점도 많지만, 이것 또한 국민 대다수가 소액이라도 주주가 됨으로써 빨리 완성될 수 있다고 본다. 그래서 평범한 개미 투자자들이 모두 대박은 아니라도 지극히 합리적인 재산 증식의 수단으로써의 주식 투자가 자리 잡아 모든 국민이 주요 기업의 주인이 되는 증권 자본주의가 꽃피우기를 바란다.

설산조의 교훈

'설산조'라는 새가 있다. 히말라야의 높은 산에서만 산다는 전설 속 동물이다. 독수리의 몇 배나 나가는 덩치를 가진 설산조는 평생 둥지를 한 번도 만들지 않는다고 한다. 히말라야 설산의 밤에는 엄청난 추위가 몰려오고 때론 눈보라를 동반하기도 하는데, 이런 끔찍한 추위 속에서도 둥지가 없는 설산조는 몸을 최대한으로 웅크린채 추위를 이겨낸다. 이 엄청난 추위를 둥지도 없이 맨몸으로 버텨야 하는 설산조는 밤새 뼈가 부러지는 것 같은 추위의 고통을 참으며 "내일 해가 뜨면 반드시 둥지를 만들 것이다."라는 다짐을 한다고 한다.

드디어 그 춥던 밤이 지나고 히말라야의 아침이 와 기온이 올라가면, 이 설산조는 꾸벅꾸벅 졸면서 반드시 둥지를 짓겠다는 어젯밤의 약속은 지키지 않고 하루를 보낸다. 그러다가 또다시 밤이 오면 고통의 추위와 싸우면서 내일은 꼭 둥지를 짓겠다는 다짐을 한다고 한다. 결국 설산조는 이렇게 다짐과 게으름을 반복하면서 평생을 마감

한다고 한다.

주식 시장에도 이런 설산조가 아주 많다.

주식을 하다 보면 어떤 때는 우리가 생각지도 못했던 수익이 나 기쁘기도 하고 어떤 때는 손해로 인해 큰 고통과 실망을 하기도 한다. 특히 초보 투자자의 경우는 처음 투자의 결과가 대성공일 때를 특히 조심해야 한다는 말까지 있다. 주식이 늘 큰 수익을 가져다 줄 것이라고 믿기 때문이다. 그렇다고 첫 투자의 결과가 손해였던 투자자가 꼭 후에 주식 투자를 잘하게 된다는 것도 아니다. 주식 시장은 참 얄미운 곳이다. 시장은 자신을 자주 봐주기를 원하기 때문에 웬만한 강심장이거나 어지간히 둔한 사람이 아니면 눈을 뗄 수가 없다. 주식 때문에 다른 일을 할 수 가 없다고 호소하는 사람도 있다. 끝도 없이 오르기만 할 것 같은 주가가 하루 아침에 곤두박질을 쳐서 적절한 수익을 얻지 못한 자신의 욕심을 후회하게 만들고, 떨어지면 꼭 사겠다고 기다리는 사이에 주가가 턱없이 올라 이젠 무서워서 사지 못했던 자신의 우유부단함도 후회하게 만드는 곳이 시장이다.

그리고 히말라야의 낮과 밤이 다른 만큼이나 시장 또한 무섭게 돌변하면서 투자자들을 괴롭힌다. 이런 변덕스러운 주식 시장을 통해 투자자들은 점차 시장을 파악해 나간다. 이렇게 알게 되는 시장의 경험들을 우리는 얼마나 잘 이해하고 투자에 이용하고 있을까? 수많은 경험들을 통해 배운 것들을 실전 투자에 잘 이용하는 사람이 있는 반면, 알고는 있으나 실전 투자에 적용하지 않아서 매번 어제 처음 주식 시장에 입문한 사람 같이 행동하는 사람도 있다.

많은 경험을 통해 배우고 느끼는 것도 중요하지만, 느낀 것을 실제로 투자할 때 행동으로 옮기지 않으면 아무 소용이 없다. 매일 밤 무서운 추위와 싸우면서도 날이 밝아 기온이 올라가면 둥지를 짓겠다는 약속을 행동으로 옮기지 않은 채 평생을 추위와 싸우다 생을 다하는 설산조와 같은 투자를 하고 있는 것은 아닌지 살펴볼 필요가 있다. 특히 '절제와 감사'는 주식 투자를 하면서 반드시 행동에 옮겨야 할 기본자세이다. 주식 투자는 이런 행동이 따라야만 성공으로 가게 되는 것이다. 이것을 간과하면 그야말로 돈 잃고 새가 된다.

📈 10번을 넘어지면 30년을 산다

옛날에 한 고개가 있었다. 이 고개를 넘어가다가 실수로 넘어지기라도 하면 3년밖에 못 산다고 해서 '3년 고개'라는 이름이 붙었다. 이런 전설 때문에 멀쩡한 사람도 이 고개에만 들어서면 너무 조심한 나머지 걸음걸이가 이상해졌다. 안 넘어지려고 애를 쓰다 보니 오히려 더 많이 넘어졌다. 그렇게 이 고개에서 실수로 넘어진 사람은 집으로 돌아가서는 원인 모르게 시름시름 앓다가 3년 안에 세상을 떠나곤 했다.

그러던 어느 날, 한 노인이 3년 고개를 넘다가 실수로 넘어지고 말았다. 그 노인 역시 집으로 돌아가서 끙끙 앓으며 죽는 날만 기다렸다. "내가 나이는 먹었지만 3년밖에 못 산다니, 할 일도 많은데 정말 큰일 났다." 그렇게 며칠을 앓던 노인이 갑자기 일어나 3년 고개를 향하여 달리기 시작했다. 그리고는 3년 고개에서 일부러 10번을 더 넘어진다. 노인은 시각을 바꾼 것이다. "한 번 넘어질 때마다 3년을 보장받으니 10번을 더 넘어지면 난 30년을 더 살 수 있다." 그렇게 10번을 일부러 넘어진 노인은 발걸음 가볍게 집으로 돌아가 천수를 누렸다는 얘기이다.

주식에도 이런 3년 고개 전략이 필요할 때가 있다. 작년 같이 강력한 유동성의 힘으로 시장이 상승할 때는 시장의 상승 흐름과 함께 가는 매매를 해야 한다. 잦은 매매보다는 긴 호흡으로 기다리는 매매가 훨씬 더 많은 수익을 가져다 준다. 그러나 이러한 유동성 장세의 후에는 주가의 등락이 커지고 자주 나타나는 변동성 장세가 나타난다. 보유한 종목으로 몇 년을 길게 갈 거라면 몰라도 일반 투자자들은 어쩔 수 없이 기술적인 트레이딩 매매를 할 수밖에 없다. 이렇게 주식 시장은 상황에 맞는 전략을 세워야 한다. 물론 실적과 성장성이 고루 갖춰진 종목을 길게 가지고 가는 것이 투자의 기본이긴 하지만, 시장 변화에 적응하는 매매 전략이 필요하기도 한 곳이 주식 시장이다.

그런 때에는 많은 전문가들이 "짧게 잡고 트레이딩 매매를 하십시오."라고 조언한다. 이것이 3년 고개 전략이다. 야구에서 홈런을 많이 쳐내는 게 중요한 승리 요소이기도 하지만, 오히려 방망이 짧게 잡고 안타를 많이 쳐서 승리하는 방법도 있는 것이다. 물론 이러한 진략의 대상도 우량 종목이어야 한다. 좋은 종목의 조건을 갖춘 종목이라도 전체적인 시장의 변화에 따라 상승과 하락을 반복하게 된다. 이때에 필요한 것이 기술적 분석이다. 주가 그래프의 궤적을 판단해서 매매 전략을 세우는 방법이다. 그래서 평소에 기술적 분석을 공부해 놓을 필요가 있다.

내가 '백만개미' 유튜브를 운영하면서 놀랐던 사실은 상당수의 투자자가 아주 간단한 기술적 분석도 모른 채로 투자하고 있다는 점이다. 기술적 분석만으로 시장의 모든 것을 파악할 수는 없지만, 트레이딩 매매에서는 반드시 이 기술적 분석을 어느 정도 할 줄 알아야 한다. 그래서 시장이 열리지 않는 토요일 오전에 유튜브 '백만개미' 계정에 '브런치 카페'라는 동영상 목록을 만들어서 초보 투자자들에게 필수적으로 필요한 내용을 강의 형식으로 올리고 있다. 그 첫 번째 과목이 '양봉과 음봉'이었다. 기술적 분석의 첫걸음인 셈이다. 놀라운 것은 '양봉'이 봉이 2개인 것(쌍봉)으로 알고 계신 분이 있었다는 사실이다.

이런 트레이딩 매매에서는 주로 20일 이동평균선을 기준점으로 잡는다. 주가가 이 근처까지 하락하면 분할로 매수에 들어갔다가 5일 이동평균선과의 괴리가 벌어질 때 매도를 하는 방법이다. 무슨 말인지 모르겠다면 주식 투자를 멈추시든가 아니면 적어도 서점에 가서 주식 투자의 기술적 분석에 관한 책 한 권 정도는 읽으셔야 한다. 기술적 분석이 완벽하게 시장을 설명해 줄 수는 없지만 복수의 기술적 분석을 통해서 시장 적중률을 높일 수 있는 것은 사실이다.

그런데 정작 중요한 것은 이러한 트레이딩 매매에서는 기대 수익을 아주 많이 낮추어야 한다는 점이다. 그래서 3년 고개 전략이라 말씀드리는 거다. 한 번 넘어질 때마다 3년을 더 살 수 있지만, 이것이 10번 더해지면 30년을 더 살 수 있는 것과 같은 이치이다. 변동성이 심하게 나타나는 시장에선 작은 수익을 모아가는 전략을 사용해야 한다. 1년에 50% 이상의 높은 수익을 올릴 수 있는 해는 그렇게 자주 오지 않는다. 욕심만 조금 줄이면 아주 어려운 일도 아니다.

걱정 인형의 쓸모

주식 투자를 잘하는 방법이 무엇이냐는 질문을 자주 받는다. 이는 주식을 해서 어떻게 하면 돈을 많이 벌 수 있느냐를 에둘러 물은 질문이다. 사실 나도 이런 질문엔 답을 드리기가 어렵다. 과연 누가 이 질문에 명쾌한 답을 할 수 있을까? 그렇지만 조금이라도 잘하는 주식 투자에 가까이 가보자면 방법이 없는 것도 아니다.

주식 투자는 시작하기 전부터 걱정 투성이다. 그러나 정작 주식을 사고 나서 생기는 걱정에는 비할 바도 못 된다. 주식을 매수하면서 시작되는 이 걱정은 그만두지 않는 이상 벗어날 수가 없다. 시장이 활황이거나 종목 선정이 탁월해서 사자마자 계속해서 주가가 오른다고 해도 이 걱정이 사라지는 것은 아니다. 그러면 또 언제 팔아야 최고점이냐는 걱정과 싸워야 한다. 그러니 주식 투자는 항상 걱정과 동행한다. 주식 투자를 시작한 후 이 걱정 때문에 스트레스를 받아서 가슴이 시시때때로 두근거리고 소화도 안 된다고 하소연하시는 분도 있었다. 이쯤 되면 증권 전문가가 아니고 의사 선생님들이 나서야 할 판이다.

지금껏 많은 투자자들을 만났지만, 투자를 아예 그만두지 않는 한 잘 고쳐지지 않는다. 그래서 우리는 주식을 하는 한, 이 걱정과는 숙명적으로 함께 해야 한다. 일반인들이 생각하기에 나와 같은 전문가는 시장과 투자에 대한 경험이 많으니 어지간한 걱정은 하지 않을 거라고 생각할 수 있겠지만, 사실은 그렇지 못하다. 오랜 경험은 오히려 더 많은 상상을 하게 만드는 경우도 있다. 아는 만큼 걱정하게 만드는 것이다. 점점 더 시장을 대할 때 겸허해지는 이유다.

그런데 이런 걱정에서 말끔히 벗어날 수는 없어도 걱정을 줄일 수는 있다. 먼저 우리가 걱정하는 영역이 우리가 해결할 수 있는 영역에 있는가를 파악해 볼 필요가 있다. 주식 시장에서 하는 대부분의 걱정은 우리가 해결할 수 있는 영역 밖에 있다. 쉽게 말하면 아무리 걱정해 봤자 아무런 영향이 없다는 것이다. 어쩌면 그래서 더 가슴이 탄다고 할 수도 있다. 자 이럴 때 어떤 방법으로 해결하면 좋을까?

과테말라 인디언들은 자신이 걱정에 휩싸여서 힘이 들 때, 나무를 깎아 '걱정 인형'이라는 이름의 목각 인형을 만든다고 한다. 자신의 걱정을 인형에게 이야기하고 베개 밑에 넣어 놓고 잠을 자면, 자는 사이에 모든 걱정을 인형이 가져가서 걱정이 사라진다는 것이다. 우리에게도 주식에 대한 걱정을 모조리 가져가서 해결해 주는 걱정 인형이 하나씩 필요한 게 아닌가 싶다.

나는 주식 투자를 잘하실 분인지 아니면 몹시 어렵게 하실 분인지를 첫 만남에서 거의 정확하게 알아차린다. 기본적으로 주식 시장을 보는 시각은 미래가 현재보다 희망적일 것이라고 믿는 것으로부터 출발해야 한다. 주식을 사면, 시장 어디엔가는 자기 주식을 자신이 산 가격보다 더 비싼 가격에 사줄 사람이 존재할 것이라는 낙관에서 시작하는 것이 주식이다. 그런데 모든 것을 비관적으로 보는 사람은 장담하지만 절대로 주식 투자에서 성공할 수가 없다. 비단 주식 투자뿐만 아니라 모든 자산 투자에는 잘 어울리지 않는다.

우리나라에서 아파트 가격이 이제는 떨어질 것이라는 비관론은 10년 전부터 줄기차게 나왔다. 그런데 이 비관론을 따라서 아파트는 이제 끝났다던 사람들은 이제는 참혹한 상대적 빈곤을 느낄 수밖에 없다. 몇 년 전 비트코인으로 대표되는 암호화폐가 처음으로 우리의 눈앞에 투자 수단으로 나타났을 때, 이를 둘러싼 의견의 대립은 엄청났었다. 방송에선 특집까지 마련해서 밤샘 토론을 벌였다. 어떤 유명한 분은 이 '비트코인'이 사기라고까지 주장하면서 함께 토론에 나선 반대편 사람을 몹시 무안하게도 만들었다.

그때 당시 비트코인 가격은 1,000만 원이 안 넘었던 것으로 기억한다. 그런데 지금은 5,000만 원도 넘어 버렸다. 테슬라가 이 암호화폐에 투자했고 다수의 금융기관들이 관련 ETF를 준비하거나 투자를 검토하고 있다. 자산 투자에서 비관론자의 우매함과 새로운 변화를 받아들이는 진취성 부족이 얼마나 큰 결과를 가져오는지 잘 보여주고 있다. 전기 자동차는 이제 더이상 첨단이 아니다. 자동차 회사도 땅으로만 다니는 자동차를 만든다고만 생각해서는 살아남기 어렵다. 하늘을 날고 물 위를 나르는 그런 자동차를 곧 우리가 사용하게 될 것이다.

그렇다. 주식 투자에서 걱정을 없애는 방법은 긍정적 사고를 갖는 것이다. 형편없는 주식을 매수했다면 걱정을 안 할 수는 없겠지만, 충분한 검토 끝에 선택한 주식이라면 지나친 걱정은 접어두시라. 너무 올라서 파는 것이 걱정이라면 느낌대로 하시라. 그것이 내가 생각하는 기대 수익에 맞는 정도라면 팔아서 이익을 즐기시라. 아무리 좋은 주식도 매일 오르지는 않는다. 당신에게 또 만날 기회를 줄 것이다. 설혹 그렇지 않더라도 그 정도 수익에 감사할 줄 아는 절제야말로 투자 성공의 지름길이다.

그래도 걱정이 된다면, 차라리 걱정 인형을 하나 사서 배게 밑에 넣어 두고 주무시라.

기다림의 대가

'기다림' 하면 떠오르는 사람이 바로 강태공이다. 원래 그의 본명은 강상(姜尚)이다. 그가 주나라의 문왕을 위수 옆에서 낚시하며 기다렸다는 이야기는 유명하다. 우연히 문왕을 만난 것 같지만, 강태공은 낚시 바늘이 구부러지지 않은 곧은 낚시질을 하고 있었다. 고기 잡을 생각은 처음부터 없었다는 얘기이다. 경제적인 수완과 병법에도 능했던 강태공은 문왕이 세상의 인재를 찾아 떠돌고 있다는 소식을 알고 있었다. 그래서 문왕이 자기를 찾아올 때까지 위수 강가에서 곧은 낚시질을 하면서 그를 기다린 것이다. 고기가 아니라 시간을 낚은 셈이다. 강태공은 이 만남을 계기로 문왕을 도와 은나라를 멸망시키고 천하를 평정했으며 제나라의 시조가 되었다. 그래서 우리는 큰일을 앞두고 기다리는 것을 비유할 때 강태공의 일화를 이야기하곤 한다.

주식 투자도 어찌 보면 기다림의 연속인지도 모른다. 매수 적기를 기다리고 주식을 매수한 후에는 주가가 올라가기만을 기다리고 또다시 팔 시간을 기다리고 온통 기다림의 연속이다. 그래서 어떤 이는 '주식 투자는 잘 참고 기다린 대가로 돈을 얻는 것이다.'라고까지 말한다.

초보들은 대부분 사자마자 주가가 오르기를 기대한다. 심지어는 하루에도 몇 번씩 주가를 확인하면서 조바심을 낸다. 그러면서 '주식 투자를 시작해서 건강이 나빠졌다.'고 이야기 한다. 하도 주가에 신경을 써서 그렇단다. 본인이 그렇게 만든 것이다. 주가는 장이 열리는 날이면 오전 9시부터 오후 3시 30분 장이 끝날 때까지 거의 초 단위로 가격이 변한다. 이러한 가격 변화에 너무 몰입하면 정말이지 건강을 잃을지도 모르겠다. 우리가 집을 사 놓고 매일 부동산에 전화를 걸어 가격을 물어보지 않는다. 그런데 주식 시장은 쉴 새 없이 변하는 주가를 실시간으로 알려준다. 이 변화하는 주가에 따라 하루에도 몇 번씩 마음이 변하고 결국 기다림은 없었던 일이 된다. 이렇게 투자가 망가지는 것이다. 마음이 변할 때마다 증권사의 담당 직원에게 의사를 묻는다. 그렇지만 이런 대부분의 투자자는 결정도 느리고 행동도 안 하는 경우가 많다. 그냥 마음만 분주할 뿐이다. 이러니 늘 좌불안석이다. 특히 이런 투자자들이 팔고 나면 오르고 사고 나면 떨어지는 상황이 반복된다.

주식 시장에서의 기다림을 우리는 관망이라고 부른다. 영어로는 'wait and see'라고 한다. 그냥 멍하니 기다리는 것이 아니다. 문왕을 기다리는 강태공처럼 기다려야 한다. 기다리되 주식 시장의 호흡과 맥박을 느끼려고 노력하며 기다려야 한다. 곧은 낚시를 드리우고 문왕이 오기만을 기다리던 강태공의 속마음은 언제 올지도 모르는 문왕을 기다리며 새카맣게 탔을지도 모른다.

호수에 백조가 유유히 떠도는 것 같아 보여도 물속의 발은 쉴 새 없이 움직이고 있다는 사실은 이미 잘 아실 것이다. 경험에 비추어 보면 기다리지 못하는 고객은 돈을 벌기가 어려웠다. 아무리 좋은 종목을 귀띔해 줘도 어느 틈에 못 참고 팔아 버린다. 그리고 그 고객이 팔고 난 후부터 주가가 상승을 시작하는 일은 그렇게 생소한 일도 아니다.

2020년 9월, 10월 두 달 동안 봄부터 무서운 기세로 오르던 주가가 조정을 받기 시작했다. 정확히 얘기하면 6% 정도의 하락 조정을 하고 있었다. 여기저기서 후회의 얘기들이 나오기 시작했다. 다시 주식 투자를 하면 성을 갈겠다고도 했다. 그 당시 나는 유튜브를 통해 기다림을 강조했었다. 오죽하면 한 2개월 정도만 겨울잠을 자자고도 했다. 그래도 많은분들이 기다려 주셨고, 나중에 그때의 기다림이 큰 수익을 남겨 주었다고 댓글을 남겨 주셨다. 그러고 보면 주식 투자는 기다란 대가로 돈을 받는 것이 맞는가 보다.

배고픈 건 참아도 배 아픈 건 못 참아

'맨 나중에 온 저자들은 1시간만 일했는데도, 뙤약볕 아래에서 온종일 고생한 우리와 똑같이 대우하시는군요.'

주식 시장은 참여한 모든 사람에게 골고루, 공평하게 돈을 나눠 주는 곳이 아니다. 모든 투자자에게 부를 약속하지 않는다는 데 사실 모든 문제가 있다. 앞에 인용한 문장은 '마태복음 20장 12절'로 예수 그리스도를 언제부터 믿었는가는 중요하지 않다는 얘기를 하고 있다. 모태 신앙이건 늙어서 예수를 받아들였건 그것은 중요하지 않다는 것이다(주관적인 해석이니 다른 의미라면 양해해 주시길 바란다).

주식 시장이 그렇다. 주식 투자를 오랫동안 해왔건 소위 주린이건 별로 문제가 되지 않는다. 가방끈이 길건 짧건 그것도 별로 문제기 되지 않는다. 이게 성공 요인이라면 나 같은 사람은 늘 남들보다 많이 벌어야 한다. 그런데 그렇지 않다는 게 주식의 매력이기도 하다. 그런데 2020년을 지나면서 주식 시장에서 기대하지 못했던 큰 수익을 본 사람들이 늘어났다. 물론 코로나로 인해 주가가 크게 하락했을 때 시장에 진입한 사람은 선택한 종목에 따라 차이는 있겠지만, 대체로 큰 수익을 맛보았다. 그러니 모이면 화제가 주식 투자가 된 요즘에는 누가 주식 해서 대박 난 얘기가 자연스레 최고의 관심사가 될 수밖에 없다.

문제는 여기서 시작된다. 아니 저 친구는 나와 비슷한 시기에 시작했는데 왜 나는 요만큼밖에 못 벌었는데 쟤는 그렇게 많이 벌었단 말인가? 우리는 배고픈 건 참아도 배 아픈 건 못 참는다. 말로는 축하하는데 이내 속이 상한다. 마치 그 친구가 내가 벌 돈을 가로챈 것 같다는 생각마저 든다. 주식 투자의 무용담은 항상 자랑스럽다. 낚시꾼과 비슷하다. 그냥 본인은 아무 생각 없이 어떤 종목을 샀는데 시장이 올려준 것이라고 말하기는 어째 좀 창피스럽다. 자기가 그 종목을 택할 수밖에 없었던 그럴듯한 무용담을 더하게 된다. "아! 그랬었구나. 그래서 대박이 났구나. 정말 축하해!" 하면서도 배는 더 아프다. 자기도 주식 투자로 돈을 벌었지만 우울하다. 급기야는 자기도 저 친구처럼 대박을 내야 한다고 생각한다. 그리고는 그때부터 대박 종목을 찾아 나선다.

주식 시장에는 묻지도 따지지도 않고 대박이 나는 종목은 없다. 그냥 시장이 그렇게 움직이게 해줬을 뿐이다. 그런 것이 매번 거듭될 수도 없다. 그런데도 그동안 자신이 해오던 투자 기준이고 뭐고 모두 팽개치고 대박 종목 구하기에 나선다. 시장엔 이런 사람만 노리는 사람들이 있다. 거기에 넘어갔다간 아주 비싼 대가를 치르기 마련이다. 이 모든 사단의 출발은 자기만의 투자가 아닌 남과 비교하는 것에서부터 시작된다. 누가 얼마를 버는가는 자신과 아무 상관이 없는 일이다.

주식 투자는 상대평가가 아니다. 자기 자신과 싸우는 절대평가일 뿐이다. 상대평가를 시작하는 순간부터 당신은 배가 아프거나 자만에 빠질 것이다. 그 어떤 것도 투자에 도움이 되지 않는 것들이다.

이 또한 지나가리라

주식 투자를 하다 보면 마치 조울증 걸린 사람 같을 때가 있다. 주가가 올라서 잠정적 기대 수익이기는 해도 짜릿한 수익을 맛보면 괜히 웃음이 실실 나오고 심지어는 밥을 먹지 않아도 배가 부른 듯한 즐거움에 그보다 더 행복할 수가 없다. 그러나 주가가 하락해서 손실을 보거나 다른 주식은 모두 오르는 것 같은데 내가 가진 주식만 떨어질 때는 온 세상을 전부 잃은 것 같은 무력감과 함께 만사가 다 귀찮다. 주식이 뭐길래 사람을 이렇게 형편없는 단세포로 만들어 버릴까. 이런 느낌은 투자의 경험과는 비례하지 않는다. 오랜 투자 경험이 있어도 돈 잃으면 속이 편할 수가 없다. 다만 그것을 밖으로 나타내는 표현 방법만 달라질 뿐이다.

성경에 나오는 다윗 왕은 태평성대가 계속되어도 늘 불안했다. 그래서 그는 왕실의 세공사를 불러서 모두가 기억할 수 있는 글귀를 새긴 반지를 만들 것을 지시한다. 왕실의 세공사이니 반지 만드는 것은 일도 아니었을 것이다. 문제는 어떤 글귀를 새겨 넣어야 다윗왕이 흡족해하느냐였다. 고민의 고민을 거듭해도 답에서는 점점 더 멀어지는 느낌이었다. 그렇게 고민하던 세공사가 다윗왕의 아들인 솔로몬에게 어떤 글귀를 새기면 좋을지를 묻게 된다. 그러자 솔로몬이 답한 글귀가 바로 그 유명한 "이 또한 지나가리라."이다.

비단 주식 투자에서 뿐만 아니라. 우리가 살아가는 인생에서도 이 말은 참 좋은 지침이 된다. 많은 분들이 코로나19 때문에 여러 가지 어려움을 겪었다. 그렇지만 이 어려움도 결국은 지나갈 것이다.

주가는 매일 가격이 변하니 그것이 실현 수익이 아닐지라도 사람을 아주 힘들게 할 때가 많다. 나처럼 오랜 시간 주식 시장 안에서 살아온 사람도 주가가 오르는 날은 기쁘고 떨어지는 날은 참아내기가 쉽지 않다. 그러니 최근에 주식 투자를 시작하신 분들이야 말해 무엇하겠는가. 그런데 조금 더 생각해 보면 우리의 이러한 기쁨과 낙담은 정작 시장하고는 아무 상관이 없다. 우리가 아무리 마음을 졸여도 시장은 올라 주지 않는다. 형편없는 주식은 아무리 기도해도 오르지 않는다. 주가가 올라서 하늘을 날 것 같은 기쁨도 영원히 지속되지는 않는다. 그 기쁨의 뒤를 이어 찾아오는 것은 이제 떨어시면 어쩌나 하는 공포감이기 때문이다. 그러니 주식 시장에서의 기쁨과 걱정은 모두 시간이 해결해 주는 문제이다. 정말이지 그 또한 지나가 버리면 아무것도 아닌 것이다.

여러분이 주식 투자를 하면서 힘들 때나 벅차게 기쁠 때 이 글귀를 3번만 되뇌어 보시라.

'이 또한 지나가리라.' 그래야 주식 시장과 멘탈 싸움에서 이길 수 있다.

이유 같지 않은 이유

어디나 그렇지만 주식 시장에도 참 핑계가 많다. 때론 그럴듯한 이유로 시장이 움직이지만 어떤 때는 정말이지 이유 같지도 않은 이유로도 시장은 움직인다. 시장이 이유 없이 움직인 적은 없다. 그러니 늘 야단법석이다. 주식을 하지 않았다면 신경조차 안 쓰던 일들도 시장에 움직임을 가져오니 늘 살필 수밖에 없다. 그래서 주식 시장에 영향을 주는 이유를 찾아내는 것보다 그것이 미칠 영향의 크기를 파악하는 일이 더 어렵다.

주식 시장은 모든 재료에 앞서 수급이 우선한다고들 말한다. 유동성으로 시장을 밀어붙이면 주가는 올라갈 수밖에 없고 대규모 매도 물량 앞에서는 어떤 호재도 소용없다는 것은 웬만한 투자 경험이 있는 사람이면 모두 인정하는 사실이다. 지난 2020년 주식 시장이 대표적인 유동성 장세라고 말할 수 있다. 코로나 이후 세계 각국은 전염병으로 인한 경기 침체를 빠르게 벗어나기 위해 막대한 유동성을 공급하고 나섰다. 그동안 나타났던 경제 위기 때마다 했던 점진적 유동성 공급은 경기 회복을 더디게 할 뿐 아니라 시간도 더 걸리고 결국은 돈도 더 풀어야 했었다는 학습 효과 때문이었다.

이런 시장에서는 늘 주도주라는 것이 나타난다. 당연히 많은 사람들은 이 주도주를 사고 이들 주도주의 가격 상승을 나누려 든다. 반면 주도주에서 멀어진 종목은 시장의 활황과는 거리가 먼 움직임을 보일 수 밖에 없고 이런 인기 없는 주식에 투자한 사람은 그 결과도 씁쓸하다.

원래 이번처럼 주가가 순식간에 큰 폭의 하락을 할 때는 사람들은 미래의 희망을 사는데 돈을 건다. 지금의 어려움을 해결해 줄 수 있는 산업이나 종목을 찾게 마련이다. 미국 뉴욕 시장에서 'FANG'이라 불리는 기술 성장주가 그것이다. 페이스북, 아마존, 넷플릭스, 구글을 지칭하는 이 주식들이 시장의 선도주 역할을 했고 우리 시장에서도 'BBIG'라 불리는 배터리, 바이오, 인터넷, 게임 업종 대표 주식들이 시장 상승에 앞장을 섰다. 우리 시장도 외국과 마찬가지로 유동성이 확대되었고, 이런 유동성 확대는 자연스럽게 대형주 위주로 시장의 모습을 바꿔 놓았다. 좀처럼 다른 주식들의 참여를 허용하지 않았다. 게다가 반도체와 전기 자동차의 꿈은 이들 시장 선도주의 위치를 더더욱 굳건하게 만들었다.

적지 않은 시장의 전문가들이 놀랐다. 그들은 10년간 긴 박스권 안에서 헤매던 우리 시장이 코로나 충격까지 받았으니 당분간 코로나가 가시적으로 안정될 때까지는 상황이 무척 어려우리라 판단했다. 판단만 한 것이 아니라 각종 매체나 유튜브 등을 통해 반등이 와도 제한적일 것이며 상당 기간 동안 어려움 속에 있을 것이라고 얘기했다. 그런데 40년간 주식 시장을 보아 온 내 생각은 달랐다. 그렇지 않다고 1인 시위를 할 수도 없고 그래서 '백만개미'라는 유튜브를 시작했다. 은퇴한 증권쟁이에게 혼자 영상을 찍고 편집해서 유튜브에 올리는 일이 쉬운 것만은 아니었다. 그러나 오랜 경험에 비추어 보았을 때, 시장은 강력한 V자 반등을 할 것이 분명해 보였다. 이 이야기를 꼭 개인 투자자들에게 해야만 했다.

그런데 이런 막강한 유동성이 밀어 올리는 시장이라고 해도 쉬지 않고 상승만 할 수는 없다. 그래서 중간중간 조정 기간을 갖는다. 우리는 이것을 '숨 고르기'라고도 말한다. 무슨 시장이 달리기를 하는 것도 아닌데 숨을 고를까? 이는 투자자의 이해를 돕기 위한 표현이다.

시장이 지속적인 상승을 하려면 그 주식을 가진 사람들의 매수 단가가 현재 가격에 가까워져야 한다. 그 이격이 크면 이익 실현 욕구가 커져서 시장은 조정 기간을 가질 수밖에 없다. 이럴 때 나타나는 단골 메뉴가 있다. 이제 주도주 행진은 끝났고 새로운 주도주가 나타날 것이라는 의견이다. 뭐 그럴 수도 있다. 그러나 주도주라는 것은 현재의 실적과 미래에도 상당한 성장성이 예측되어 지속적으로 수익을 낼 수 있어야 그 대열에 들 수 있다.

아무리 유동성이 풍부해도 조정기를 끝내려면 결정적인 한 방도 필요하다. 그런 것이 없으면 시장은 제한적일 수밖에 없다. 이렇듯 유동성이 풍부한 시장에서 결정적 한 방이 없을 때 나오는 이유 같지 않은 이유가 있다. '상대적으로 싸 보인다.'라는 이유로 매수했다는 것이다. 주가가 싼 데에는 다 그만한 이유가 있다. 주가가 너무 비싼 종목은 못 사겠다는 분들을 가끔 만난다. 그런 분들은 늘 싸구려 주식들만 찾아다닌다. 심지어는 '동전주'라고 불리는 초저가주만 찾아다니는 분이 있다. 의류와 가방에서만 명품을 찾지 마시고 주식도 명품을 사시라. 주식 투자에 갑자기 가성비를 들먹이는 사람도 있다. 주식은 전자 제품을 사는 것이 아니다. '상대적으로 싸 보인다'라는 동력으로 얼마나 시장을 움직일 수 있을까? 시장은 기대와 걱정이 늘 함께 있다.

매매 중독을 경계하라

어떤 사물이나 생각 또는 행위 등에 빠져 정상적인 상태가 아닌 것을 우리는 '중독'이라 부른다. 요즘은 일부러 지나친 강조를 하려고 좋은 의미의 단어에다가 중독을 붙여서 말하기도 한다. 선행 학습 중독에 걸렸다느니, 사랑 중독에 걸렸다느니…. 그러나 무엇이 되었건 중독은 이미 비정상적임을 의미하기에 별로 좋아 보이지는 않는다.

중독이라는 단어를 보면 제일 먼저 마약이 떠오른다. 부유한 집 자식들이나 연예인들의 마약 중독 사건이 심심치 않게 보도되고 심지어는 마약이 이제 주택가까지 파고들어 주부들도 중독에 빠졌다는 뉴스도 접하게 된다. 또 얼마 전에는 청소년들이 게임 중독에 빠져서 게임 속에 환상적인 세계와 현실을 구분하지 못해 여러 가지 사건이 벌어지고 있다는 보도도 이어졌다.

어떤 경우에도 중독은 위험한 것이라는 생각이다. 얼마 전 중독을 마케팅 전략으로 활용한 재미있는 일을 경험했다. '마약 김밥'이 그것이다. 한 번만 맛을 보면 마약 같은 중독성 때문에 다시 찾아와 또다시 먹을 수밖에 없다는 얘기이다. 그 유명하다는 집을 나도 일부러 찾아가 본 적이 있다. 도대체 김밥이 맛있으면 얼마나 맛있기에 마약 같다는 말인가. 정말로 사람들이 많았다. 그중에 상당수는 나와 같이 중독될 만큼 맛있는지를 확인하러 온 사람들이고 일부는 이미 그 맛에 중독이 되어 온 사람들인 것처럼 보였다. 내 입맛에는 중독될 만한 맛은 아니었다. 그렇지만 중독을 마케팅 전략에 사용하는 것이 무척 재미있어 보였다.

그런데 주식 시장에도 무서운 중독 현상이 있다. 바로 '매매 중독'이다. 습관적으로 매일 매일 주식을 사고팔지 않으면 불안해서 못 견디는 현상이다. 이런 현상은 초보 투자자한테 많이 나타나지만, 투자 경력이 오래 되었는데도 그 중독에 걸린 사람들도 생각보다 많다. 최근에는 본인들이 직접 컴퓨터나 모바일을 통해 주문을 접수하다 보니 예전처럼 증권사 직원이 옆에서 말릴 수도 없다. 그래서 늘 매매 타이밍을 시장과 반대로 잡는다. 사실 주식 투자라는 것이 아주 황당하게 말도 안 되는 주식을 사는 경우가 흔치 않기 때문에 매매 방법과 타이밍만 잘 맞추어도 그렇게 심각한 손해를 보지는 않는다.

특히 작년 같은 경우에는 투자자들이 마치 주문처럼 외던 몇 종목들이 시장에서 큰 수익을 가져다주었기 때문에 매매 중독에 걸려 있지만 않았다면 어느 정도의 수익은 가질 수 있는 해였다. 정말이지 이 매매 중독은 주식 투자자들에게 호환마마보다 더 무서운 것이다. 우리 주위에도 살펴보면 매매 중독에 걸린 사람이 많다. 그리고는 애꿎은 손가락 탓만 한다. 이놈의 손가락이 말을 안 듣고 매매 버튼을 눌러 버렸단다. 그렇게 말을 안 듣는 손가락을 왜 갖고 다니시는가? 하다 하다 손가락 탓을 다 한다.

특히 우리가 생계형 투자자라고 부르는 분들이 이런 매매 중독에 아주 취약하다. 아마도 본인이 열심히 해야 생활비를 벌 수 있다는 강박이 더 그렇게 만드는지도 모른다. 현역 시절처럼 열심히 일을 해야 하는데 하루라도 매매를 안 하면 놀고먹는 것 같은가 보다. 그러니 매일 매일 빠짐 없이 매매를 한다. 정신 차리시라. 시간을 들여 여러 가지 자료도 보고 나름대로 연구하는 것이 열심히 주식 투자를 하는 것이다. 매매는 필요할 때만 하면 된다. 시장 상황이 나쁠 때는 쉬는 것도 투자다. 이 무서운 매매 중독은 큰 손해를 불러올 수도 있다.

이런 매매 중독에서 벗어나려면 어떻게 해야 할까? 첫째, 주식 시세를 확인하는 횟수를 줄이는 것도 한 방법이다. 우리가 집을 사 놓고 매일 집값을 확인하지는 않는다. 혹시 5분 간격으로 주가를 확인한다면 당신은 이미 심각한 중독 단계인지도 모른다. 두 번째는 자신이 매수한 종목에 대한 신뢰이다. 그 기업에 대해 충분히 분석했고 앞으로 성장이 기대되는 기업이어서 그 기업의 주주가 되었다면 잦은 주가 변화를 따라다니지 말고 느긋하게 기다리시라. 그렇게 신뢰할 수 없는 종목이라면 처음부터 잘 못 산 것이 분명하다.

혹시 여러분은 이런 매매 중독으로부터 얼마나 멀리 있는지 늘 돌아보시라. 다음 문항 중 몇 개에 해당하는지 체크해 보시기 바란다. 아래 내용 중 3개 이상이 해당 되면 매매 중독일 가능성이 있다.

1. 하루에 주식 시세를 20번 이상 확인한다.
2. 일주일에 3번 이상 매매를 한다.
3. 하루에 5번 이상 잔고 변화를 확인한다.
4. 매매는 하지 않더라도 매매 창을 매일 열어 작성했다 지웠를 반복한다.
5. 매일 아주 일부라도 매매를 해야 불안하지 않다.

신용 매수 해도 되나요?

자산 투자에서 레버리지를 일으켜 투자하는 것이 잘못된 일은 아니다. 그래야 내 자산의 상승 속도를 빠르게 할 수 있기 때문이다. 부동산 시장에서 그 결과의 차이를 극명하게 입증해 버렸다. 우리나라 특성상 부동산 투자라고 하면 거의 대부분이 아파트를 가리킨다. 아파트값을 잡겠다는 정부의 말을 믿고 아파트를 사지 않은 사람과 대출은 물론 전세까지 끼고 소위 '영끌'해서 아파트를 산 사람과의 차이는 신분 격차까지 들먹일 정도로 벌어져 버렸다. 계속되는 제도적 압박을 통해 집값을 잡겠다는 정부의 대책은 이미 아무도 믿지 않는 지경에 이르러서야 수급을 조정해서 잡아 보겠단다. 이런 부동산 시장에서의 학습 효과와 상대적 박탈감은 그대로 주식 시장으로 이어지면서 주식 투자 빚투 바람을 몰고 왔다.

특히 젊은 층의 주식 시장 참여가 늘어나면서 신용 투자는 더더욱 확산되었다. 누가 이들을 비난할 수 있을까? "빚내서 투자하면 큰일 납니다." 글쎄 잘 알겠는데 공허하게 들리는 이유는 뭘까? 진짜 공자 마빡 치는 소리이다. 그것도 기성세대인 우리가 공허함과 박탈감 속에 있는 젊은이들에게 이런 조언을 한다는 게 유치원 어린이에게 부모님 말씀 잘 들으라고 하는 것만큼 공허하게 들릴 때가 많다. 오죽하면 빚까지 내서 투자하겠는가. 이렇게 만든 책임이 우리 나이 먹은 사람에게 있는 것만 같아서 나는 가능하면 '빚내서 투자하지 말라'는 얘기를 잘 안 하는 편이다.

신용 융자 잔고가 늘어나거나 주식 시장이 다소 주춤거리면 각종 언론과 방송 심지어는 유튜브에서도 "빚내서 투자하면 큰일 난다."라고 훈계를 해댄다. 사실 이거 훈계할 만한 사람은 몇 안 된다. 신용 잔고가 많이 늘어났다는 팩트만 전하면 된다. 내 입장에서 보면 남들과 똑같은 주린이로 보이는 사람이 훈계까지 덧붙인다. 굳이 남이 말 안 해줘도 다 안다. 빚내서 투자하다 잘못되면 큰일 난다는 것 정도는 아무리 초보자라도 다 안다. 그럴 시간 있으면 투자 잘하는 방법을 일러 주는 게 더 낫다.

아니, 신용 매수가 그렇게 위험하다면 그 제도를 왜 만들어 놓고 겁을 주냐는 말이다. 작년에 많은 초보 투자자들이 주식 시장으로 몰려들 때 신용 융자 해주고 이자 받은 게 누구인데 갑자기 도덕 강의를 한다. 담배를 만들어 팔면서 담배는 건강에 해로우니 피우지 말라는 끔찍한 그림의 광고를 같이 담뱃갑에 넣는 모순이 주식 시장에도 있다. 그래서 나는 가능하면 빚투에 대해서는 말을 아낀다. 마음대로 하시라. 레버리지를 활용해서 투자하는 것도 자산 투자의

한 방법이다. 능력 있으면 정말이지 영혼까지 끌어다 투자하시라.

그런데 꼭 유념해야 할 것이 있다. 주식 시장은 우리가 지금까지 경험해 온 아파트 시장하고는 사뭇 다르다. 어느 날 갑자기 내 손에 아무것도 안 남을 수도 있다. 정말 잘나가다가 한 번의 실수로 시장을 떠난 사람이 내가 아는 경우만 해도 셀 수 없이 많다. 그러니 스스로 감당할 수 있는 정도인지를 확인하시라.

이렇게 얘기하면 또 질문한다. 도대체 얼마가 내가 감당할 수 있는 수준인데요? 그런 젊은이에게 늘 이렇게 얘기한다. 최악의 손해가 당신의 1년치 연봉 수준까지라면 한번 해 봐라. 그보다 크면 당신의 인생에 꽤 큰 데미지가 될 것이다. 이렇게 얘기하면 많이들 수긍하는 눈치다.

빚투보다 더 무서운 것은 무모한 투자이다. 여러분이 여러분의 투자를 성공으로 이끌기 위해 어떤 노력을 하고 있는지를 먼저 확인하시라. 그래도 당당하면 빚투를 누가 말리겠는가. 불법도 아닌데 말이다.

PART 6

이익을 부르는
투지의 마인드

영혼과 함께하는 투자

현직에 있는 동안 많은 개인 투자자를 만났다. 특히 지점장 시절에는 거의 매일 개인 투자자들과 보내야 했다. 당시 근무하던 지점이 유명한 아파트 단지 안에 있어서 주로 주부 고객분들이 많았다. 우리가 보통 주식 시장의 과열 여부를 판단하는 잣대로 "증권사 영업점에 아줌마가 나타나면 상투에 가까운 끝물"이라고들 말했던 적이 있다. 요즘은 굳이 증권사 영업점을 방문할 필요도 없이 계좌 개설이나 매매가 모두 비대면으로 이루어지니 틀린 말이다. 또 투자자의 성별로 시장 상황을 판단하는 호랑이 담배 피던 시절의 우스갯소리일 뿐이다. 그런데 투자자의 성별은 중요하지 않지만, 성향은 지금도 고객을 평가하는 중요한 척도가 된다.

우리가 주식을 매매할 때 많은 생각을 하게 된다. 그리고 생각을 정리해서 매매라는 행동을 하게 된다. 여러분은 주식 매매를 하기 전에 얼마나 생각을 하시는가?

내가 지점장을 맡았던 시절, 고객과 분쟁이 일어난 적이 있었다.

고객은 40대 주부셨고 성격도 참 씩씩한 분이었다. 늘 주변에 있는 다른 고객분들을 이끄는 리더 같은 모습을 보여 주시곤 했다. 담당 관리직원이었던 김 대리와도 마치 오누이처럼 잘 지내셨다. 그런데 바로 그 담당 직원인 '김 대리'와 분쟁이 발생한 것이다.

사건의 전말은 이러했다. 평소와 다름없이 고객은 김 대리에게 유망 종목을 물었고 김 대리는 A종목을 추천했단다. 그런데 그 A종목이 사자마자 떨어지기 시작했다. 그러자 그 고객은 자신은 A종목을 사라고 한 적이 없고, 김 대리가 임의로 매수 주문을 내서 손해가 발생했다고 주장했다. 당시에는 고객이 구두로 오더를 내리면 관리 직원이 고객 서비스 차원에서 주문표를 대신 작성해서 주문 담당 직원에게 전달하는 게 일반 지점의 주문 처리 방법이었다. 그러니 필적 감정을 해봐도 김 대리의 필적이 분명할 것이 뻔했다. 고객의 요구사항은 손해만큼을 김 대리에게 물어달라는 것이었다. 김 대리와 원만한 해결이 안 되자, 지점장실로 나를 찾아오셨다. 손해를 변상하라는 요구와 함께 그 요구가 관철되지 않으면 주변 고객들을 모두 이끌고 인근의 경쟁 증권사로 계좌를 옮기겠다는 것과 자신이 요구하는 날짜까지 변상하지 않으면 청와대에 진정하겠다는 말을 남기고 그냥 가버리셨다.

사안이 크다 보니 당연히 본사 감사실에 알렸고, 자체 진상 파악에 들어갔다. 그러던 차에 갑자기 관할 경찰서 형사과에서 김 대리한테 연락을 했다. 고객이 김 대리를 사기로 고발을 한 것이다. 주가가 내려가자 고객이 매도해서 손해금이 2,000만 원 정도였다. 퇴근 길에 회사 대표이사께서 지점에 들러 말씀하셨다.

"한 지점장, 내가 돈을 줄까? 그 고객께 드리고 끝내자."

"대표님, 그렇게 하면 이제 저희는 이 지점 문 닫아야 합니다. 앞으로 주가가 떨어지면 저희가 모두 물어줘야 합니다."

다행히 주변의 다른 고객분들이 귀띔을 해 주셨다. 남편이 중요하게 쓸 돈을 고객에게 잠시 맡겼는데, 그 사이에 그 돈으로 주식 투자해서 돈을 벌 거라고 말하고 다니셨단다. 그렇게 매수한 주식을 자랑까지 했다는 것이다. 해당 고객이 남편분과 함께 나를 찾아왔다. 그 남편분은 한술 더 떴다. 현직 청와대 고위직인 사람의 실명을 거론하며 자신이 전화해서 지점장도 그만두게 하겠단다. 두 분이 돌아간 후 김 대리가 찾아왔다.

"지점장님, 제가 물어주고 정리하겠습니다. 어제 와이프랑 얘기 끝냈습니다. 와이프가 적금 들어 놓은 게 있답니다. 돈은 또 벌면 된다고 하던데요."

"야! 너 그렇게 증권회사 다닐 거면 당장 그만두고 다른 일 해라. 돈은 나도 있어. 그게 사실이 아니잖아."

답답했다. 사람과 직업에 대한 회의가 들었다.

그러던 중에 아주 희한한 일이 벌어졌다. 그 고객의 자녀가 체육 특기생으로 부정 입학한 사건이 티지면서, 부정 입학 정탁금이 우리 지점에서 나간 수표인 게 밝혀졌다. 따라서 그동안의 거래 내역에 대한 조사가 이루어졌고, 고객 스스로 본인이 결정한 거래였다는 사실을 자백했다. 그사이 A종목 주가는 다시 상승해서 이전보다 훨씬 높이 올라가 있었다.

내 기억으로 그 고객분은 생각보다 행동이 너무 빠른 분이었다. 물론 주식 투자에서 너무 오랜 생각이 반드시 성공적 투자를 보장하는 것은 아니다. 장고에 악수가 나오는 예는 주식 투자에서도 많이 나타난다. 그래도 매매를 하기 전에 해당 종목에 대해 짚어볼 건 짚어봐야 한다. 혹시 우리는 쓸데없이 생각을 오래 하거나 너무 빨리 행동하는 것은 아닐까? 여러분은 생각과 행동이 얼마나 일치하는가? 생각보다 행동이 빠르다면 그것은 잘못된 투자가 분명하다.

우리가 서부영화를 보면 말을 타고 달리던 인디언들이 중간중간에 구릉에 올라 말을 세우고 뒤를 돌아보고는 한다. 자신이 너무 빨리 달리면 자신의 영혼이 자신을 쫓아 오지 못할까 봐 가끔씩 멈춰서 뒤를 돌아본다는 것이다.

생각과 행동을 같이하는 투자. 영혼과 함께하는 주식 투자를 해보는 건 어떨까?

팔기 전까지는 아무것도 아니다

모든 운동이 다 그렇지만 골프처럼 마음먹은 대로 안 되는 운동도 드물다. 하기야 그렇게 연습도 게을리하면서 필드에 나가서 잘 치려고 한다면 그건 도둑놈 심보라고 하시는 분들도 있다. 나도 이 말에 100% 공감한다. 연습장 가는 횟수가 필드 나가는 횟수보다 적어서야 무슨 수로 잘 칠 수가 있다는 말인가. 참 우리나라 사람들은 모든 면에서 열심히 하는가 보다. 우리 아파트에서 멀리 보이는 실외 연습장에도 새벽부터 늦은 밤까지 불이 환하게 켜져 있다. 요즘은 코로나 거리 두기로 상황이 변하긴 했지만, 실내 연습장까지 합치면 아마도 우리나라 사람이 세계에서 골프 연습을 제일 많이 하지 않을까 싶다.

나도 골프를 처음 시작했을 때는 정말 열심히 연습했었다. 연습장을 개장하는 사람도 나였고 문을 닫는 사람도 나였을 때가 있었다. 그러던 것이 어느 순간부터 게을러졌다. 연습 많이 한다고 잘 치겠냐는 내 나름대로의 핑계도 만들어 놨고 나이도 드니까 또 그렇게 죽어라 하기도 싫고 하다 보니 그렇게 되었다.

우리가 골프는 장갑 벗어 봐야 안다고 말한다. 중간에 아무리 성적이 뛰어나도 마지막 홀을 끝내고 장갑을 벗어 봐야 스코어가 몇 점인지 알 수 있다. 물론 다른 스포츠라고 해서 다르지 않다. 그런데 골프는 특히 변수가 많은 것 같다. 우리 같은 아마추어들끼리 하는 골프 경기는 그야말로 예측 불허의 연속이다. 게다가 멘탈이 흔들리는 날이면 완전 초보자들이나 볼 것 같은 스코어가 나와서 사람을 맥 빠지게 만든다. 처음엔 씩씩거리고 억울해했지만 내가 연습을 안 해서 발생한 당연한 결과이니 이젠 그러려니 한다. 그런데 아주 묘한 것은 늘 중간에 헤매다가도 마치 다른 사람처럼 살아나서 프로 골퍼처럼 경기하는 홀이 몇 개씩 생긴다는 사실이다. 그리고 자신의 골프 실력을 그 기준으로 생각한다는 것이다.

주식 투자도 마찬가지이다. 주식을 사자마자 주가가 폭등하면 좋겠지만 실제로는 그렇지 않을 경우가 더 많다. 그러니 골프 경기처럼 중간에 해저드에도 빠지고 벙커에도 들어가고 OB가 나서 벌타를 먹기도 한다. 그런데 그럴 때마다 낙담해서 위축되다 보면 그날 경기의 결과는 보나 마나 엉망이 된다. 주식 투자도 중간에 오를 수도 있고 떨어질 수도 있다. 그래서 잦은 주가 변동에 일희일비하지 말라고 조언을 하지만 말처럼 쉽지가 않다. 정확히 얘기하면 주식을 팔아서 정리하기 전에는 올라도 떨어져도 모두 소용없는 일이다. 주식을 팔아서 내 계좌에 돈이 들어와야 이익도 되고 손실도 실현되는 것이다. 그러니 어떤 의미로 보면 주식 투자는 중간평가가 없다. 그럼에도 불구하고 우리는 매일 매일 주가 변동에 울고 웃기를 반복한다.

우량주를 장기적 관점에서 투자한 것이라고 말하는 분들도 주가 변동에 민감하기는 마찬가지이다. 그래서 나는 그럴 때마다 투자자 분들께 당부한다. 다 오르는데 왜 내가 가진 종목만 안 오르냐고 걱정할 필요도 없고 또 많이 올랐다고 흥분할 필요도 없다고 말한다. 중간 과정에서 너무 주가 변동에 몰입되면 멘탈이 흔들려 어처구니 없는 실수를 하게 된다. 주식은 최종 매도 후 내 계좌에 돈이 들어와야 이익인지 손해인지를 알 수 있는 것이다. 마치 골프 경기를 하듯 마지막 홀에서 홀 아웃을 하고 장갑을 벗어 봐야 스코어를 아는 것과 똑같다.

주변의 다른 사람이 중간에 돈을 얼마를 벌고 얼마를 손해봤는지는 나와는 상관없는 일이다. 해당 종목을 사기 전에 충분히 분석했고 앞으로도 더 좋아질 수 있는 기업이라는 것에 확신이 있다면 너무 걱정할 필요는 없다. 다만 나처럼 연습은 게을리하고 필드에서 요행을 바라는 자세로 주식을 샀다면 매우 위험한 일이 발생할 수도 있다. 장갑을 벗어 봐야 경기 결과를 알 수 있지만, 연습을 게을리한 선수가 좋은 스코어를 만들 수는 없다. 주식 투자는 불로소득이 아니다.

주식으로 행복해지는 법

어떻게 하면 행복할 수 있을까? 어쩌면 인생은 이 질문에 대한 해답을 찾다가 끝나는지도 모르겠다. 돈이 많으면 더 행복할 수 있을까? 아니라고들 하고 나 스스로도 아니라고 생각은 하는데 주변에 돈이 많은 사람들을 보면 참 행복해 보여서 지금까지 잘못 살았나 싶기도 하다. 우리나라 수도권에서 부자 소리를 들으려면 재산이 100억 원은 넘어야 한다는데… 노래 가사처럼 '난 참 바보처럼 살았나' 보다. 내가 평생을 증권업에 종사했으니 속 모르는 사람들은 돈에 깔릴 정도는 아니라 해도 돈 좀 있는 줄 안다. 그러나 굶지만 않으면 된다는 게 돈에 대한 나의 기준이다. 남들 보기에 지극히 비상식적인 기준을 70이 다 된 지금 나이에도 갖고 있어서 아내에게 가끔 핀잔을 듣는다. 아내도 연애 시절부터 나를 보아왔으니 그러려니 하다가도 속이 상할 때가 있는가 보다.

학부에서 철학을 전공했기에 그렇게 생각하는 것은 아니지만, 물질적인 풍요가 행복을 준다고는 생각하지 않는다. 오히려 정신적

풍요로움이 더 행복에 가까이 가게 해줄 수 있다고 믿는 사람이다. 요즈음 100세를 넘어서도 아주 활발히 활동하시는 은사 김형석 교수님께서도 신년 인터뷰에서 같은 취지의 말씀을 하셔서 스승님의 가르침을 잘 받은 제자라고 생각한다.

그런데 그런 내가 증권쟁이가 됐으니 참 인생 자체가 재미있는 것은 맞는가 보다. 눈만 뜨면 돈을 좇아서 달려야만 하는 직업을 가지고도 난 늘 돈을 많이 가져야겠다는 생각을 해본 적이 없다. 그냥 증권쟁이인 내 직업을 사랑했다. 원래 업계 종사자인 우리는 법적으로 주식 투자를 할 수가 없다. 요즘은 한 계좌에 한해 신고하면 가능하다고 들었다. 물론 법으로 하지 못하게 해도 여러 종사자들이 다양한 방법으로 주식 투자를 해왔던 건 공공연한 비밀이었다. 그런데 바보 같은 난 실제로도 주식 투자를 해서 내 돈을 불리겠다는 생각은 도무지 들지가 않았다. 그냥 매일 매일 벌어지는 피 튀기는 돈의 전쟁터가 좋았다.

우리가 세상을 떠날 때 돈을 한 푼도 가져가지는 못하지만, 살아 있는 동안 있어야 자유로운 것임은 분명하다. 주식 시장에서 사람들은 여러 가지 이유로 돈을 벌려고 한다. 어쩌다 손해라도 나면 속상하고 슬프고 불행하다고 느끼기까지 한다. 지극히 당연하다. 돈 잃고 속 좋은 사람 없다지 않는가.

문제는 주식 투자로 이익이 났는데도 불행하다고 느끼는 경우가 있다는 것이다. 너무도 큰 기대 수익 때문이다. 주변의 다른 사람이 주식으로 대박이 났다고 하면 나는 겨우 요거 벌려고 주식 투자를 했나 이런 생각이 들 수밖에 없다. 이러면 이익이 나도 불행해진다. 2020년의 증시 폭발은 많은 개인 투자자들을 시장으로 끌고 들어오기도 했지만 어지간한 수익에는 둔감해지는 부작용을 만들었다. 심지어는 작년의 화려했던 증시의 결과를 가지고 이젠 부동산은 끝났고 주식 시장이 부동산에 비할 수가 없는 화려한 수익으로 당신을 부자로 만들어 줄 것이라고 말하는 업계 종사자까지 나타났다. 실물 자산으로서의 부동산은 부동산 나름대로 의미가 있고 금융 자산인 주식도 주식 나름대로 의미가 있는 것이다. 늘 우리는 이 끔찍한 이분법적 사고 속에서 살아왔다. 이제는 여기서 벗어날 때가 된 것 같은데 기대처럼 되지 않는다.

벤자민 프랭클린은 사람이 행복해지는 방법엔 2가지가 있다고 했다. 첫 번째는 행복해질 때까지 가지는 것이다. 두 번째는 욕망을 줄이는 것이다. 여러분의 생각은 어떠하신가? 첫 번째 방법을 택한다면 도대체 얼마를 가져야 행복해질 수 있을까.

주식 투자를 잘하는 방법 중 하나는 주식 투자를 시작하기 전에 적절한 기대 수익을 정하는 것이다. 어찌 보면 적정한 기대 수익을 정하는 게 주식 투자의 첫걸음이다. 나는 현장에서 기대 수익이 너무 높아 투자를 망치는 사람들을 많이 보아왔다. 처음엔 그렇게 높지 않던 기대 수익도 주가가 오르면 점점 변하여 급기야는 매도 시점을 놓치고 손해로 끌려 내려가는 경우가 허다하다. 기대 수익이 너무 높으면 점점 더 욕망의 늪으로 빠지게 되고 후회할 때는 이미 손해가 난 이후이다. 여러 번 말했듯이 주식 투자는 '절제와 감사'의 예술이다.

혹시 여러분은 욕심 때문에 행복을 걷어차고 불행의 늪 속에 계신 것은 아닌지 점검해 보시라.

공포와 함께 걸어라

주식 투자는 늘 불안하고 무섭다는 분들이 많다. 사실은 주식 시장에서 오랜 시간을 보낸 나도 다르지 않다. 주가가 오르면 올라서 불안하고 떨어지면 떨어져서 불안하다. 그래서 주식 투자는 '멘탈 싸움'이다. 특히 요즘은 여러 가지 시장에 관한 정보가 쏟아져 나오고 있어서 예전처럼 무작정 깜깜이 투자를 하는 경우는 많이 줄었다. 내가 주식을 사자마자 주가가 올라서 내가 예상한 가격에 이르고 그 가격에서 주식을 팔아서 이익을 챙기면 얼마나 좋겠는가? 그런데 그런 일은 일어나지 않는다. 주가가 떨어지면 계속해서 떨어질 것 같은 걱정에 무섭고, 오르면 이러다가 어느 순간에 다시 하락해서 수익은커녕 손해가 날 것 같은 공포가 괴롭힌다.

주식 투자라는 것이 불확실한 미래에 대한 최대한의 예측 추구 활동이다 보니 늘 이런 불안과 함께해야 한다. 똑같은 종목을 같은 시기에 매수해도 그 결과가 달라지는 이유가 바로 이 멘탈 관리에서 기인한다. 그럼 어떻게 하면 강철 같은 멘탈을 유지한 채로 주식 투자를 할 수 있을까? 이 문제만 해결하면 주식 시장과의 싸움에서 상당히 유리한 고지를 점했다고 말할 수 있겠다는 생각이 든다. 그래서 많은 투자자분들이 나에게 묻곤 한다. "어쩜 그렇게 평정심을 유지할 수가 있습니까? 전문적인 펀드매니저나 트레이더들은 어떻게 멘탈 관리를 해서 강철 멘탈을 유지할 수 있습니까?"

세상에~ 여러분은 속으신 겁니다! 전문적인 직업 투자자들도 시장이 요동칠 때 불안하기는 마찬가지다. 나처럼 세월이 지나 경험이 쌓이면 불안감을 겉으로 표출시키지 않는 포커페이스를 만들어 내는 방법을 알고 있을 뿐이다. 나도 현역 시절에는 운용 자산의 수익 관리에 대한 스트레스로 원형탈모증이 와 오랜 시간을 고생한 경험이 있다. 그러면서도 천연덕스럽게 방송에 출연해 시장 얘기를 하고는 했다. 주식 시장에서 어느 상황이건 불안 같은 걸 느끼지 못한다면 신이거나 바보거나 둘 중에 하나가 분명하다. 시장은 인간을 늘 불안하게 만든다. 이 불안을 없애는 가장 쉬운 방법은 주식 투자로 돈 벌기를 포기하는 것이다. 그런데 그것은 주식 시장에서 어떻게 해서든지 돈을 벌려고 하는 우리와는 맞지 않는 얘기이다.

우리가 어누운 골목길을 혼자 지나가야 할 경우 골목 초입에서부터 공포가 생긴다. 자신이 이 골목길을 지나가는 사이에 뭔가 예기치 못했던 상황이 일어날 수도 있다는 상상에서 시작된다. 그래서 주위를 살펴 주먹만한 돌멩이를 하나 집어든다. 그 순간 공포가 사라지기는커녕 더 강한 공포감이 다가온다. 왜냐하면 머리속엔 이미 자신이 들고 있는 돌멩이보다 더 강한 그 어떤 것을 가진 사람이 골목 안에서 자신을 기다린다는 상상을 하고 있기 때문이다. 예를 들면 칼 같은.

그러나 자신이 칼을 들면 확인되지 않은 상대는 총을 가졌을 것이라는 상상이 더 무섭게 한다. 결국 이런 방법으로는 공포를 해결할 수가 없다. 주식 투자에서 강철 멘탈을 갖는 방법은 공포와 함께 하는 것이다. 마치 의사들이 질병과 함께 잘 지내는 분이 장수한다고 얘기하는 것과 같은 맥락이다. 주식 시장에 영향을 주는 요소는 너무 많다. 아무리 분석하고 대비해도 시장은 자주 우리의 생각을 비껴 나간다. 현역 시절, 시장이 끝나면 녹초가 되는 때가 있었다. 무지막지한 시장의 공포와 힘들게 전투를 치른 날이다. 그나마 단 하루짜리일 수도 있지만, 결과라도 좋으면 괜찮은데 치열한 전투 끝에 패배한 날은 피곤도 하지만 멘탈이 무너져 내린다.

그럴 땐 퇴근 후 집 앞에서 문을 열기 전에 마른세수를 했다. 일종의 버릇이다. 이 의식으로 난 새로운 사람으로 태어난다. 주식 시장과 관련 없는 그냥 한 가정의 가장으로. 이 불안감을 가정으로까지 가져오고 싶지 않아서였다. 그런데도 자주 실패를 했다. 주식 시장은 이 불안과 싸운 대가를 받는 곳이다. 편하게 생각하시라. 유명한 투자자도 다들 그렇다. 이 시장에 대한 불안감을 지우려고 하면 할수록 더 커져만 간다.

완전한 해결은 아니지만, 불안감을 잠시나마 다른 곳으로 돌리는 방법은 있다. 주식 시장이 당신을 불안하게 하면 이 책을 읽어보시라. 그럴 의도로 이 책을 썼다. 투자와 매매에 도움을 주는 책들은 많다. 그중에 상당히 잘 쓰여진 책들도 제법 있다. 나는 아직 주식 투자를 잘 해서 돈을 엄청나게 버는 방법에 대해서 책을 낼 경지에는 이르지 못했다. 그러나 긴 시간 시장에서 느끼고 경험했던 강철 멘탈을 지니는 방법을 말씀드릴 정도는 된다고 생각한다. 어러분은 이미 강한 멘탈을 가지고 계신다. 이 책은 지금까지 그 멘탈을 끌어내는 방법을 이야기했다. 실천은 여러분의 몫이다.

주식 투자 5계명

책을 마무리하며 정리해 보았다. 우리가 주식 투자를 하면서 늘 잊지 말아야 하는 것들이다.

1. 주식 시장은 게으른 사람에게는 아무것도 주지 않는다.

"월 스트리트의 돈은 모든 사람의 주머니로 들어가지 않는다."라는 격언을 앞에서도 이야기했다.

대충 주식을 골라서 사두면 시장이 알아서 가격을 올려준다고 생각하는 투자자가 많다. 특히 작년에 증시에 입문한 분이라면 사면 오르는게 주식이라고 생각할 수도 있다. 마치 과거 10여 년 동안 아파트 가격이 오르는 것과 같다고 생각할 수 있다. 그런데 주식 시장은 그렇지 않다. 절실함을 가지고 남보다 더 노력해야 기쁨을 준다. 시간이 없어서 분석하고 공부할 수가 없다는 분들이 있다. 그럼 잠을 줄이시든가 주식 투자를 그만두시라. 그렇게 대충 투자에 임하면 결국 남 좋은 일만 해 주는 꼴이 된다. 그래서 생각해 낸 방법이 유료로 오르는 종목을 찍어 준다는 리딩방에 돈 주고 가입하는 일이다. 보기에 따라서는 아주 쉽고 간단하다. 나는 실력이 부족하니 잘하는 사람한테 돈을 주고 그 능력을 빌려서 투자를 한다는 묘책이다. 말이 되는 소리를 하시라. 그렇게 기가 막히게 대박 종목을 아는 사람이 왜 푼돈 받고 그 짓을 하겠는가. 벌써 장안의 부자가 되어 있어야 한다. 투자 원금도 잃고 가입비도 잃고 가장 빨리 주식 시장에서 사라지는 길이다.

사자가 토끼 한 마리를 사냥할 때도 최선을 다하듯 절박함과 절실함을 담아 매번 최선을 다해야 시장은 우리에게 수익의 기쁨을 준다.

2. 주식 투자는 상대평가가 아니다.

주변의 누구는 주식 투자해서 짧은 기간에 엄청나게 큰돈을 벌었다는 소식을 들으면 난 그동안 뭐 했나 하는 좌절감이 든다. 이런 생각이 드는 순간부터 내 투자는 꼬이기 시작한다. 주식 투자를 하는 모든 사람이 매스컴이나 SNS에 알려지는 사람들처럼 대박 부자가 될 수는 없다. 그러니 내가 하는 투자를 소중히 여기고 충실할 필요가 있다. 주식 투자를 부자가 되려고 시작하면 부자가 될 수 없다. 자기만의 투자원칙을 정하고 그 원칙대로 노력하다 보면 수익도 생기고 경우에 따라서는 부자가 될 수도 있는 것이 주식 투자이다. 다른 사람과 비교하지 마라. 주식 투자는 상대평가가 아니다. 나 스스로와 싸움을 하는 절대평가이다.

3. 박수 칠 때 조심하라.

모든 일이 그렇지만 주식 투자에서도 방심은 금물이다. 주식 투자를 해서 돈이 조금 벌리면 투자하는 태도가 바뀌게 된다. 그렇게 열심히 하던 분석과 공부도 게을리하게 되고 자신은 주식 시장을 잘 맞추는 천재성을 가지고 있다고 착각하기 시작한다. 주식 투자에선 한 번의 실수가 엄청난 피해를 가져올 수가 있다. 열 번 잘하다가도 한 번의 실패가 그 모든 것을 빼앗아 갈 수도 있다. 특히 자신이 노력은 점점 게을리하면서 결과가 좋다고 자만할 때 이 무시무시한 불운이 찾아온다. 잘 될수록 더 겸손하게 시장을 대해야 한다. 더 노력하고 수익은 철저히 따로 챙겨서 만약에 대비하는 태도가 결국은 그 사람을 시장에 오래 남게 한다.

4. 주식 투자 비법은 없다.

나도 자주 듣는 질문이지만, 주식 투자의 비법을 알려주기를 원하는 사람이 많다. 그런데 이건 마치 수능 만점자에게 공부의 비법을 묻는 것이나 다를 바 없다. "예습, 복습 철저히 하고 교과서 중심으로 공부했습니다." 수능 만점자의 대답을 듣고 많은 사람이 실망한다. 너무 방송용 멘트라는 것이다. 족집게 과외 선생 정도를 기대했던 사람이라면 실망도 더 크다. 그런데 어찌 보면 그

것이 사실일지도 모른다. 그 지극히 평범한 일을 등한시하는 사람이 많기 때문이다. 비법은 의외로 가까이 있다. 그리고 별로 특별한 것도 없다. 그냥 많은 사람들이 하지 않을 뿐이다. 빼놓지 않고 공부하시라. 자료 보고 각종 기사 보고 노력하시라. 이 평범한 비법이 최고의 비법이다.

5. 실수를 두려워 말라.

주식 투자를 하면서 실수는 누구나 한다. 그래서 그까짓 실수 따위를 신경 쓰지 말라는 얘기가 아니다. 주식 투자에서 실수는 누구나 할 수 있지만, 실수는 손해로 직결된다. 그러니 실수는 안 할수록 좋다. 너무 실수할 것이 두려워 투자의 적기를 자주 놓치는 사람은 주식 투자 말고 다른 투자 수단을 알아봐야 한다. 그러니 아무리 조심해도 주식 투자에서 실수는 피할 수가 없다. 문제는 실수를 어떻게 해결하느냐이다. 첫째, 실수라고 인정되면 과감히 손절하라. 무조건 존버가 답이 아니다. 둘째, 실수의 원인을 반드시 복기하라. 그래서 똑같은 실수가 반복되지 않게 해야 한다. 그러면 실수를 두려워하지 않아도 된다.

부록

개미 투자자가 반드시 알아야 하는 12가지 기본기

주식 투자는 아는 것만큼 볼 수 있고, 많이 볼 수 있어야 돈을 벌 수가 있다. 결국 '아는 것만큼 벌 수 있다.'라는 말이 된다. 그러므로 주식은 절대로 불로소득이 아니다. 주식 투자에서 쉽게 돈을 벌려고 하면 할수록 손실은 커져만 간다. 그래서 기회만 있으면 항상 개인 투자자들에게 주식 투자와 관련된 공부를 반드시 하라고 권한다. '백만개미'를 통해서 어렵지 않게 차근차근 공부할 수 있도록 이해하기 쉽게 설명하는 중이기도 하다. 그런데 달리는 댓글을 보면 가끔 소스라치게 놀랄 때가 있다. 댓글로 들어오는 질문 내용을 보면 주식 시장에 대해 너무 아무것도 모르는 채로 투자하고 있다는 느낌을 지울 수가 없다. 지극히 기본적인 것도 모른 채 무작정 주식 투자를 하고 있으니 그 결과가 좋을 리가 없다.

그래서 급한 대로 초보 투자자가 반드시 알아야 하는 기본기를 정리해 드리려고 한다. 물론 에세이 형태의 책을 구성하려고는 했지만, 수학으로 말하면 덧셈, 뺄셈, 곱하기, 나누기 같은 기본적인 사칙연산이라고 생각하시기 바란다. 이 내용을 다 파악한 후, 지속적인 투자를 위해서 반드시 이보다 훨씬 높은 수준의 공부를 꼭 해야 한다.

1. 양봉과 음봉

주식을 한다면서 양봉과 음봉의 뜻도 모르는 사람이 있다. 양봉은 벌꿀 농사가 아니다. 양봉과 음봉은 '주가의 변동'을 나타내는 것으로, 전일 종가와는 관련이 없다. 일봉을 기준으로 한다면 당일 시초가가 기준이 된다. 시초가에 비해 종가가 오르면 양봉, 떨어지면 음봉이 그려진다. 우리나라는 양봉은 빨간색, 음봉은 파란색으로 나타낸다. 봉의 종류에는 일봉, 주봉, 월봉이 있다. 말 그대로 일봉은 '하루'의 주가 변동을, 주봉은 '주간' 주가 변동을, 월봉은 '월간' 주가 변동을 표시한다. 이러한 봉들이 모여서 차트를 만들고 우리가 각각의 봉과 차트의 상관관계를 파악해서 투자 결정을 할 수 있는 아주 기초적이지만 중요한 지표이다. 늘 일봉 차트, 주봉 차트, 월봉 차트를 함께 비교하는 습관을 들일 필요가 있다.

장 중에 주가는 등락을 거듭하기 때문에 여러 가지 형태의 일봉 모습을 만들어 낸다. 일반적으로 밑으로 꼬리가 길게 달리는 형태의 봉은 향후 시장의 상승 쪽에 무게를 두고 평가한다.

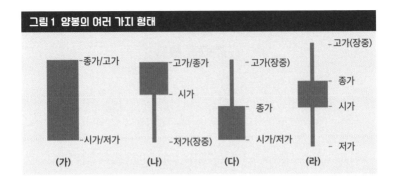

그림 1 양봉의 여러 가지 형태

(가) 종가/고가, 시가/저가
(나) 고가/종가, 시가, 저가(장중)
(다) 고가(장중), 종가, 시가/저가
(라) 고가(장중), 종가, 시가, 저가

(가) 꼬리 없는 양봉: 흔들림 없이 상승하고 있는 상태로 간주할 수 있다.

(나) 밑꼬리 양봉(망치): 뒷심을 발휘할 가능성이 있으며, 향후 상승을 기대할 만하다.

(다) 위꼬리 양봉(역망치): 뒷심이 부족하고 향후 성장을 기대하기 미심쩍다.

(라) 위아래 꼬리 양봉: 추세가 꺾일 가능성이 있다.

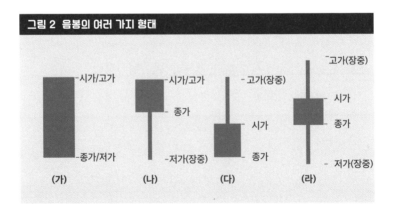

그림 2 음봉의 여러 가지 형태

(가) 시가/고가, 종가/저가
(나) 시가/고가, 종가, 저가(장중)
(다) 고가(장중), 시가, 종가
(라) 고가(장중), 시가, 종가, 저가(장중)

(가) 꼬리 없는 음봉 : 외부 충격이 있는 상태로, 미래가 불투명하다.

(나) 밑꼬리 음봉 : 뒷심을 발휘할 수 있다. 지금은 음봉이지만 향후 상승을 기대할 수 있다.

(다) 위꼬리 음봉 : 상당히 좋지 않은 상황으로, 향후 하락 가능성이 있다.

(라) 위아래 꼬리 음봉 : 차트 추세상 변동 가능성이 크다.

2. 이동 평균선, 골든 크로스, 데드 크로스, 엘리엇 파동

기술적 분석은 커다란 시장의 움직임을 예측하기 보다는 매매 타이밍을 찾는 것에 주로 사용한다. 기술적 분석은 기본적인 재무분석 등이 끝난 상태에서 최종 결정을 완성 시키는 보완 수단으로 평가하는 게 무리 없는 판단이다. 기술적 분석 자체에도 여러 가지 분석 방법이 존재한다. 가장 일반적인 서로 다른 기간의 이동 평균선의 상관관계를 따지는 간단한 분석 방법부터 주가 변동에 거래량의 변화를 보탠 OBV(On Balance Volume) 기법과 장기 지수 이동 평균과 단기 지수 이동 평균의 편차를 가지고 분석하는 MACD(Moving Average Convergence and Divergence) 방법, RS(Relative Strength Index)로 불리는 상대 강도 지수 지표 그리고 많은 투자자들의 신뢰를 받는 엘리엇 파동 이론 등이 대표적인 기술적 분석 방법들이라 할 수 있다. 여기서는 가장 많이 사용되는 '골든 크로스', '데드 크로스' 그리고 '엘리엇 파동'에 대해서 설명하고자 한다.

향후 주가의 움직임이나 진행 방향을 예측할 때 이동 평균선의 상관관계를 따져서 판단한다. 특히 단기 이동 평균선과 중장기 이동 평균선과의 상관관계를 나타내는 '골든 크로스'와 '데드 크로스'는 기본적으로 사용하는 기술적 분석이다.

이를 이해하기 앞서 이동 평균선의 개념을 알아야 한다. 주가 이동 평균선(MA: moving average)이란 일정 기간, 매일 종가의 평균을 산출하여 도표로 그려낸 선을 말한다. 이동 평균선은 단기, 중기, 장기로 나뉜다. 단기 이동 평균선의 종류에는 5일, 10일, 20일이 있고, 중기 이동 평균선 종류에는 60일, 120일이 있다. 그리고 200일 이동 평균선은 통상 장기 이동 평균선으로 분류된다. 이들 단기, 중기, 장기 이동 평균선들이 만들어 내는 상호 간의 교차 현상을 가지고 골든 크로스와 데드 크로스를 판단한다. 이 주요 이동 평균선들은 나름의 특징을 가지고 있다.

그림 3 이동 평균선의 종류와 특징

종 류	설 명
5일 이동 평균선	* 1주일 평균선, 단기매매선 등으로 불리고 '생명선'이라고도 한다. * 단기적인 추세 파악에 쓰이기 때문에 단기매매에서 아주 중요한 역할을 한다. * 특히 현재 주가와 5일선의 상관관계가 중요하다.
20일 이동 평균선	* 1개월 평균선, 중기매매선 등으로 불리고 '세력선'이라고도 한다. * 20일선의 모습은 현 주가 흐름의 방향을 보여준다. * 상승 기울기인지 하락 기울기인지 횡보의 모습을 띠는지 파악해야 한다.
60일 이동 평균선	* 3개월 평균선, 중기추세선 등으로 불리고 '수급선'이라고도 한다. * 하락 조정 시에는 지지선 역할을 하지만 60일선 밑에서 상승 시에는 강력한 저항선이 되기도 한다.
120일 이동 평균선	* 6개월 평균선, 장기추세선 등으로 불리고 '경기선'이라고도 한다. * 대세 파악의 기준으로 사용한다.

이런 단기, 중기, 장기 이동 평균선이 서로 교차하는 상태를 '크로스'라고 한다. 교차하는 내용에 따라 '정배열'은 5일/10일/20일/60일/120일 순으로 단기선이 맨 위에 있고 중기선, 장기선의 순서로 배치된 것을 지칭한다. 반대로 '역배열'은 120일/60일/20일/10일/5일 순으로 장기선이 가장 위에 있고 단기선이 밑으로 배열된 상태를 말한다.

단기 이동 평균선이 장기 이동 평균선을 밑에서 위로 뚫었을 때 '골든 크로스'라고 부르고 단기 이동 평균선이 장기 이동 평균선을 위에서 아래로 뚫었을 때 '데드 크로스'라고 부른다. 골든 크로스 출현과 정배열은 추세적인 상승을 의미하고 데드 크로스와 역배열은 향후 추세적 하락을 의미한다.

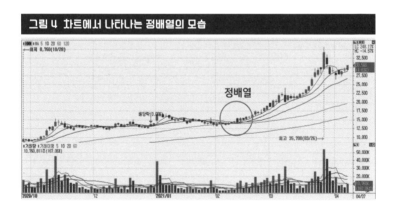
그림 4 차트에서 나타나는 정배열의 모습

그림 5 차트에서 나타나는 골든 크로스의 모습

그림 6 골든 크로스와 정배열을 모두 확인할 수 있다

그림 7 골든 크로스와 데드 크로스를 모두 확인할 수 있다

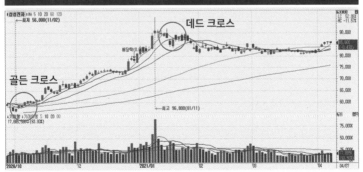

투자자들이 즐겨 사용하는 기술적 분석에서 '엘리엇 파동 이론'을 빼놓을 수가 없다. 이 이론은 랄프 넬슨 엘리엇(Ralph Nelson Elliot)이 1938년, 과거 75년간의 주가 움직임을 30분 단위까지 분석하여 발표한 주식 등락 예측 모델이다.

엘리엇 파동 이론은 5개 상승 파동과 3개의 하락 파동 총 8개 파동으로 구성되며 중요 변동 상수와 파동 완성의 조건 등을 가지고 있어 상당한 수학적 신뢰감을 주는 것도 사실이다.

자신이 보유한 종목의 차트를 보며 지금까지 설명한 이동 평균선, 골든 크로스, 데드 크로스, 엘리엇 파동을 적용해 보자. 이런 식으로 연습을 하다 보면 매매 타이밍을 잡는 데 큰 도움을 받을 수 있을 것이다.

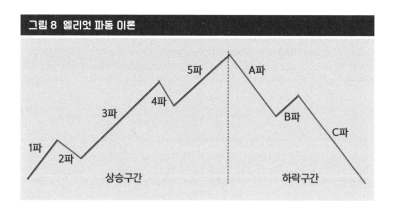

그림 8 엘리엇 파동 이론

그림 9 이동 평균선의 종류와 특징

이 론	설 명
상승 5파와 하락 3파	끝없는 순환 주장. 이 8개 파동으로 추세 파악과 목표가를 추정한다.
상승 5파	우상향의 1, 3, 5번의 상승 파동과 2, 4번의 조정 파동
상승 1파(wave1)	가장 짧은 파동이며, 장기 하락 추세 이후 출현한다. 그러나 단순 반등인지 상승의 시작인지 확인하기 어렵다.
상승 2파(wave2)	상승 1파의 38.2% 또는 61.8%의 비율로 발생한다(99.9%까지도 인정한다). 매수 타이밍으로 볼 수 있다. 그러나 상승 1파의 시작점 밑으로 가면 아닌 것으로 간주한다.
상승 3파(wave3)	상승 파동 중 가장 긴 파동 발생. 상승 5파가 더 길 수도 있다. 통상적으로 상승 1파의 고·저점 대비 1.618배 또는 2.618배까지 상승할 수 있다.
상승 4파(wave4)	통상 상승 3파의 23.6%~33.82% 정도 조정된다. 상승 1파의 고점을 깨면 무효다.
상승 5파(wave5)	가장 많은 거래량을 나타낸다. 통상 상승 1파의 0.618배의 길이다. 거래량이 수반되며, 상승 5파 이후 하락 1파가 발생이 가능하다. 매도 타이밍이다.

3. 쌍봉, 쌍바닥

쌍봉(Double Top)과 쌍바닥(Double Bottom)은 이동 평균선이 그려내는 모습을 보고 바닥이 두 번 연이어 생기면서 두 번째 바닥이 첫 번째 바닥보다 높게 형성되면 향후 시장의 흐름을 긍정적으로 보는 기초적인 기술적 분석 방법이다. 반면 연이어 봉우리 모양이 나타나고 두 번째 봉우리가 첫 번째보다 낮게 나타나면 향후 주가 하락 가능성에 더 무게를 둔다. 주로 일봉, 주봉 등이 많이 사용된다.

쌍봉과 쌍바닥을 활용할 때 주의할 점이 있다. 이를 바탕으로 판단하는 것은 간단하지만 속기 쉽다는 것이다. 하여 맹신은 금물이며 선제적 판단은 위험하다. 시그널의 일부분에 불과하므로 이를 바탕으로 전체 시장을 예측해서는 안 된다.

쌍봉은 하락세를 예측하는 데 사용하고, 다음 3가지 모습으로 확인이 가능하다.

그림 10 쌍봉의 형태

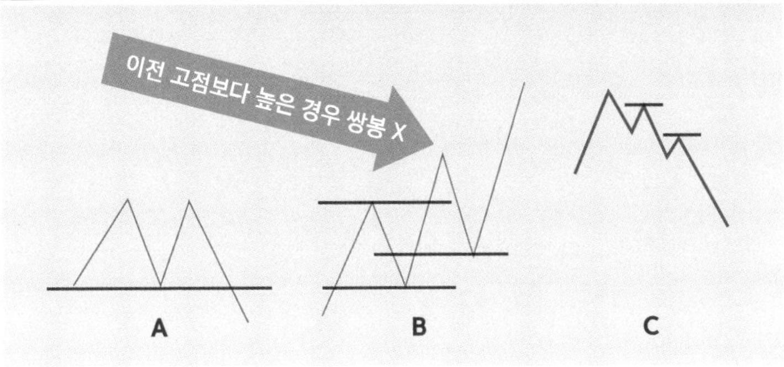

이전 고점보다 높은 경우 쌍봉 X

A   B   C

A 일반적 쌍봉(M자형): 지지선 아래로 하락한다.

두 번째 봉우리가 첫 번째 봉우리와 같거나 적어도 낮게 형성될 경우 쌍봉의 기본적 성립으로 볼 수 있다.

B 쌍봉으로 착각할 수 있는 유형: 지지선보다 위에서 반등한다.

가장 속기 쉬운 형태로 두 번째 봉우리가 첫 번째 봉우리를 돌파해서 형성되면 쌍봉이 아닐 수 있다.

C 전형적인 쌍봉: 지지선 하락세가 확연하다.

전형적인 하락 추세의 모습이다.

쌍바닥은 상승세를 예측할 때 사용하고 다음 3가지 모습에서 확인할 수 있다.

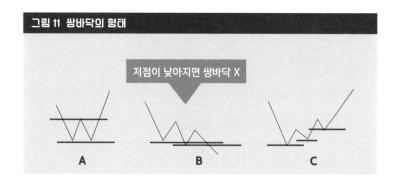

그림 11 쌍바닥의 형태

저점이 낮아지면 쌍바닥 X

A   B   C

A 일반적 쌍바닥(W자형): 지지선 위로 상승하는 모습을 확인 가능하다.

두 번째 바닥이 첫 번째 바닥보다 같거나 높게 형성되어야 쌍바닥으로 본다.

B 쌍바닥으로 오해할 수 있는 유형: 지지선보다 아래로 하락하는 모습을 확인할 수 있다.

추가적으로 형성되는 바닥이 첫 번째 바닥보다 낮을 경우는 쌍바닥이 아닐 수 있다.

C 전형적인 쌍바닥: 지지선 상승세가 확연함

전형적인 상승 추세의 모습이다.

4. 재무제표 보는 법

재무제표는 숫자가 많이 나와서 대체로 초보 투자자들이 회피하는 경향이 있는 자료이지만 주식 투자에서는 결코 빼놓을 수 없는 기본이다. 해당 기업의 재무상태를 나타내는 '재무상태표(대차대조표)'와 손익 상태를 나타내는 '손익계산서'는 꼭 투자 전에 확인하시길 바란다. 기업의 건강진단서라고 생각하면 된다.

재무상태표(대차대조표)는 일정 시점 기업의 재무상태를 나타내는 보고서로, 기업의 자산과 부채 자본의 상태를 보여준다. 이를 통해 우리는 기업의 유동성과 재무적 탄력성, 수익성과 위험성까지 확인이 가능하다.

재무상태표의 좌우, 즉 차변과 대변은 항상 같아야 한다. 왜냐하

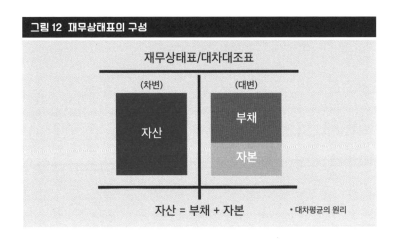

그림 12 재무상태표의 구성

재무상태표/대차대조표

(차변) | (대변)

자산 | 부채
| 자본

자산 = 부채 + 자본　　• 대차평균의 원리

그림 13 자산의 예시	
자산	**부채**
유동 자산	**유동 부채**
현금 및 현금성 자산	매입 채무 / 기타 채무
매출 채권	차입금
기타 유동 자산	기타 금융 채무
재고 자산	당기 법인세 채무
유동 자산 합계	기타 유동 부채
	유동 부채 합계
비유동 자산	**비유동 부채**
매도 가능 금융 자산	차입금
유형 자산	확정 급여 부채
종속 기업 투자	이연 법인세 부채
관계 기업 투자	*비유동 부채 합계*
투자 부동산	
무형 자산	**부채 총계**
기타 금융 자산	**자본**
기타 비유동 자산	자본금
비유동 자산 합계	자본 잉여금
	기타 포괄 손익 누계액
	이익 잉여금
	자본 총계
자산 총계	부채 및 자본 총계

면 기업의 총자산(차변)은 자기 돈인 자본과 남에게 빌려 온 부채의 합과 같기 때문이다. 개인을 기업이라고 생각하고 개인 '홍길동' 씨의 자산이 20억 원이라고 가정해 보자. 그가 가진 아파트 융자금, 차량 할부금 등은 '부채'에 속한다. 그렇다고 누가 "당신 재산이 얼마이냐?"고 물을 때 은행 융자금, 자동차 할부금, 이번 달 카드 대금

그림 14 '주식회사 복부인'으로 보는 자산의 이해

| 자산 총계 | 아파트: 30억 | 부채 총계 | 대출: 15억 |
| 자산 총계 | 아파트: 30억 | 자본 총계 | 자본 15억 |

부채 비율 = $\dfrac{15억\ 원}{15억\ 원}$ = 100%

| 자산 총계 | 아파트: 40억 | 부채 총계 | 대출: 15억 |
| 자산 총계 | 아파트: 40억 | 자본 총계 | 자본금: 15억 이익 잉여금: 10억 |

부채 비율 = $\dfrac{15억\ 원}{25억\ 원}$ = 60%

등을 빼고 말하는 사람은 없을 것이다. 그와 같은 이치라고 이해하면 된다.

　여러분의 이해를 돕기 위해서 아주 쉬운 예를 들어 보려고 한다. '주식회사 복부인'은 자기자본 15억 원과 부채 15억 원을 빌려 아파트를 30억 주고 샀다. 이때 '주식회사 복부인'의 자산은 30억 원, 자본은 15억 원, 부채는 15억 원으로 볼 수 있다. 그 후 아파트 가격이 올라서 40억 원이 되면 자산 총계는 40억 원이고 부채는 15억 원, 자본금은 15억 원, 이익잉여금은 10억 원이라고 볼 수 있다. 그러므로 이 회사는 좋은 회사라고 판단할 수 있다.

　손익계산서는 기업이 일정 기간 달성한 매출액, 비용, 영업 이익, 당기순이익 등을 나타내는 표다. 영업 이익(operation profit)은 총매출액에서 총비용(매출원가+판매관리비)을 제한 금액이다. 순이익, 당기 순이익(net profit)은 영업 이익에서 법인세 등 기타비용을 차감하고 금융 수익 등 영업 외 수익을 더한 금액이다. 주당 순이익(EPS, Earning Per Share)은 회사가 번 수익을 총주식 수로 나눈 금액이며 기업의 영업능력 및 가치를 나타내는 주요 지표 중 하나다.

5. 증자

주식 투자를 하다 보면 언젠가는 반드시 '증자'의 상황을 맞닥뜨리게 된다. 기업은 자본시장을 통해 자금을 조달하고 그 과정에서 증자라는 형태의 조달 방법을 많이 사용하게 된다. 여러 가지 형태의 증자 방법과 권리락 정도는 반드시 알아두어야 한다. 기업이 성장을 거듭할 경우, 기업은 타인 자본(부채)보다는 자기자본(자본금 증자) 확충을 많이 하게 된다. 따라서 우리가 주식 투자를 할 때 자신이 소유한 종목이 증자를 발표하는 경우를 아주 많이 접하게 되기에 이 기회에 확실히 알아두는 것이 좋겠다.

증자는 기업의 자본금을 늘리기 위해서 자본 조달의 목적으로 하는 것으로, 종류에는 유상증자와 무상증자가 있다. 기업이 자금을 조달하는 방법에는 첫째, 은행 대출, 둘째, 채권 발행, 셋째, 유상증자가 있다. 기업 입장에서 봤을 때 유상증자의 장점으로는 원금과 이자 상환 부담이 없고 자금 운용에 여유가 있으며 기업 신용도를 제고하는 효과가 있다는 것이다(기업이 부진한 실적을 증자로 유지하는 경우 투자자들의 주의는 필요하다).

증사의 설자는 다음과 같다. 먼저 이사회에서 발행할 주식 수와 배정 기준일, 청약 일정 등을 결의한다. 그 이후 유가증권 신고서를 제출하고 감독기관의 승인을 받으면 효력이 발생한다.

유상증자 모집 대상에 따라서도 분류할 수 있는데, 첫째는 기존 주주들만을 대상으로 하는 주주배정, 둘째는 기존 주주가 아닌 제3자(법인, 개인)를 대상으로 하는 제3자 배정, 셋째는 누구나를 대상으로 하는 일반 공모 배정이 있다. 발행 가격에 따라서도 분류하는데, 액면 발행 하는 경우와 시가로 발행하는 경우가 있다. 예를 들어 액면가 500원인 주식의 시가가 10,000원일 경우 액면 발행은 1주당 500원에 신주를 발행하는 것이고, 시가 발행은 별도의 계산법에 따라 10,000원에 근접한 7,000원 부근에서 발행하는 것이다.

그런데 시가와 동일한 가격으로 증자하면 시장에서 매수하는 것이 더 나을 수 있다고 생각할 수 있으므로 시장 가격보다 다소 낮은 별도의 계산법에 따라 시가 발행을 하는 것이다. 그러면 액면가 500원과 시가 발행가 사이에 차액 6,500원이 생기는데 이를 '주식 발행 초과금'이라 부르며 이는 '자본 잉여금'으로 처리되어 기업의 중요한 재원이 된다. 따라서 이 경우는 500원 만큼은 자본금이 늘어나고 6,500원 만큼은 자본 잉여금으로 처리 된다.

증자와 함께 많이 언급되는 '권리락' 은 구주에 부여되는 신주를 유·무상으로 받을 권리가 사라지는 것이다. 그렇기 때문에 증자되는 신주를 받을 권리가 소멸되는(증자 기준일) 것을 권리락이라고 하며, 이론적으로 주가는 하락하게 된다.

무상증자는 주식 대금을 받지 않고 주주에게 신주를 나눠 주는 것이다. 발행 주식 수 만큼 자본금이 증가한다. 재평가 차액이나 이익잉여금 등을 재원으로 한다.

원한다고 전부 무상증자를 할 수 있는 게 아니라 일정 요건을 충족해야 한다. 최근 2 사업 연도에 흑자를 내야 하며, 증자 후 순자산액이 자본금의 1.3배 이상이 되어야 한다(재평가 적립금이 재원일 경우 2배).

6. 매매 체결 원칙과 호가창

우리가 주식을 사고팔기 위해서 주문을 내면 거래소는 매매 체결과 관련된 여러 가지 원칙에 따라서 매매를 완성한다. 시장이 열리는 시간 이외에도 매매가 이루어지는 원칙이 있다. 이 부분을 이해하고 있어야만 보다 효과적인 주문과 체결을 운용할 수 있다.

매매 체결의 원칙에는 총 4가지가 있다. 일반적인 개념으로 설명을 더 하지면 남보다 일찍, 남보다 비싸게, 남보다 많이 사겠다고 주문을 낸 사람에게 우선권이 있다는 얘기이다. 반대인 매도의 경우는 남보다 싸게, 남보다 일찍, 남보다 많이 팔겠다고 주문을 낸 사람에게 우선권이 있다고 이해하면 된다.

가격 우선의 원칙: 남보다 싸게 팔면 우선권이 있다. 남보다 비싸게 사면 우선권이 있다.

시간 우선의 원칙: 같은 가격으로 팔거나 사기를 원한다면 선착순이다.

수량 우선의 원칙: 1, 2번 항이 동일하다면, 주문 수량이 많은 순으로 진행된다.

위탁 매매 우선의 원칙: 증권 회사의 고객 주문 건을 우선 처리한다.

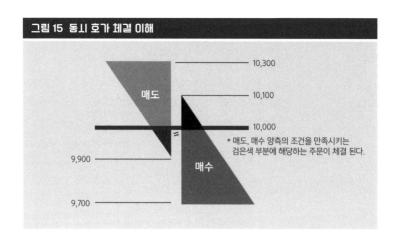

그림 15 동시 호가 체결 이해

10,300

10,100

매도

10,000

9,900

= * 매도, 매수 양측의 조건을 만족시키는 검은색 부분에 해당하는 주문이 체결 된다.

매수

9,700

주린이들에게는 어딘지 친숙하지만, 정확히 무슨 뜻인지 모르는 말 중에 '동시 호가 제도'가 있다. 쉽게 설명하자면 주문을 모두 모아 전부 같은 시간에 주문된 것으로 간주하는 것이다(앞서 언급한 시간 우선의 원칙을 무시). 가격 우선과 수량 우선의 원칙만 적용하여 단일 가격으로 주문을 체결하는 제도다. 동시 호가는 정해진 시간에만 이루어지는데, 장 개시 전(8:30~9:00)과 장 종료 전(15:20~15:30)이다. 재미있는 상상이지만, 만약에 아침 첫 매매 체결에 시간우선의 원칙을 적용하면 사람들은 밤 0시가 되자마자 주문을 내야 한다. 마치 잠도 못자고 애플의 신제품을 사려고 매장 앞에서 밤새 줄을 서는 일과 같은 것들이 매일 반복되야 한다.

동시 호가 체결에서는 그 누구도 자신이 낸 주문보다 불리한 결과가 나오면 안 된다. 즉, 사려는 사람은 적어도 자신이 사고자 한

그림 16 호가창 예시

매도 잔량		
9,130	350,500	시가 345,000
3,693	350,000	고가 351,000
7,127	349,500	저가 340,000
8,938	349,000	기준 336,500
16,112	348,500	체결 122.57
6,696	348,000	상한 437,000
5,416	347,500	하한 236,000
4,126	347,000	가평 345,701
2,740	346,500	대금 138,268
2,790	346,000	거래량 400,613
	345,500	2,065
	345,000	565
	344,500	1,035
	344,000	2,200
	343,500	1,036
	343,000	879
	342,500	823
	342,000	1,900
	341,500	3,218
	341,000	3,115
66,768	정규장	16,836

* 체결 강도
(매수 주문 체결량/
매도 주문 체결량) × 100

매수 잔량

가격과 같거나 더 싸게 사져야 한다. 반대로 팔려는 사람은 자신이 팔고자 한 가격과 같거나 더 높게 팔려야 한다. 그와 같은 쌍방의 상황을 모두 만족시킬 수 있는 구간이 표의 검은색 부분이다. 그리고 체결 가격은 공히 10,000원이 되는 것이다.

우리가 자주 사용하는 증권사의 HTS나 모바일에서 흔히 접하는 호가창의 예이다. 각 증권사마다 조금의 차이는 있으나 매도 호가와 각 호가에 따른 주문량은 좌측 상단에 배열되고, 매수 호가와 각 호가에 따른 주문량은 우측 하단에 배치된다. 어떤 종목의 체결 강도가 100이 넘으면 강세를 보인다고 파악할 수 있다. 이 호가창은 완벽하지는 않지만, 종목의 시장 강도를 파악하는 데 참고가 되는 경우가 많다.

그리고 장이 열리는 시간 외에도 거래가 가능하긴 하다. 이것을 '시간 외 종가 거래'와 '시간 외 단일가 거래'라고 부른다. 시간 외 종가 거래 또한 정해진 시간에 가능하다. 장전 시간 외 종가는 8:30~8:40에 가능하고 장후 시간 외 종가는 15:40~16:00에 가능하다. 이때에는 수량만 입력하면 되고, 호재나 악재가 있을 경우 거래 성사가 힘들다는 것을 유념하자.

시간 외 단일가 거래는 장이 마감된 이후 16:00~18:00에 가능하다(10분마다 총 12회 진행). 무조건 단가로 지정되며 '시장가'가 없다. 금일 종가 기준으로 상한가 10%와 하한가 10%의 제약이 있다.

7. PER, PBR, EPS, ROE

기업을 평가할 때 가장 많이 사용하는 주요 지표들이다. 반드시 알 아두어야 한다.

* **EPS(Earning Per Share)**는 주당 순이익을 나타내는 것으로 순 이익을 주식 수로 나눈 것이다.

EPS= 순이익/주식 수

EPS가 높다는 의미는 가진 돈에 비해서 이익을 많이 냈다는 의미이 므로 회사 경영 실적이 좋다는 의미로 받아들이면 된다.

* **PER(Price Earning Ratio)**은 주가 수익률의 약어로 주가를 EPS 로 나눈 것이다. 한눈에 보기 편하게 수식화하자면 다음과 같다.

PER= 주가 / EPS

= 주가×주식 수 / 순이익

= 시가총액 / 순수익

PER이 높으면 고평가 되고 있는 것이고, 낮으면 저평가 되고 있는 것이다.

* **PBR(Price Book-value Ratio)**은 주가 순자산 비율의 약어로 주

가를 주당 순자산으로 나눈 것이다.

PBR= 주가 / 주당 순자산

PBR도 PER과 마찬가지로 높으면 고평가, 낮으면 저평가로 이해하
면 된다. 다만 PBR은 자산을 기준으로 하고, PER은 이익을 기준으
로 한다.

* ROE(Return On Equity)는 자기 자본 이익률의 약어로 당기 순
이익을 자기 자본으로 나눈 것이다.

ROE = 당기 순이익 / 자기 자본

이 지표는 가진 돈 대비 이익을 나타내기 때문에 높을수록 좋다는
뜻이다. ROE는 기업이 얼마나 영업을 잘했는가를 나타내는 수치로
이해하면 된다.

* PDR(Price to Dream Ratio)은 주가 꿈 가치라는 뜻이다. 다소
생소할 수 있지만, 한눈에 이해하기 쉽게 표현하면 다음과 같다.

PDR= 기업가치(시가총액) / TAM×시장점유율

(TAM은 Total Addressable Market의 약어로 해당 산업 전체 시장
의 규모를 뜻한다)

이 PDR 지표는 매출이 미미하거나 이익이 나지 않는 비상장 회사
들의 인수합병, IPO 시장 등에서 가치의 적정성을 판단하는 데 유
용하다. 기존 PER, PBR로 설명되지 않는 자산 가치와 영업 가치가

변하지 않았으나 주가만 오른 회사들의 밸류에이션 한계를 보완한다. 성장성이 매우 강한 종목에 대한 일반적 설명으로 부족한 부분을 커버하는 지표로 이해하자. 아직은 넓은 공감대를 만들어 가고 있는 과정에 있다.

이 PDR의 경우는 코로나 사태로 시장이 폭락한 이후 급격한 재상승 과정에서 미래의 꿈을 가진 성장주 위주로 강한 상승이 이어지자 기존의 분석으로는 이미 과열 징후지만, 주가는 더 상승할 것으로 예측되어 그 타당성을 설명하기 위해 만들어진 것이다.

8. 관리대상 종목과 상장폐지

주식 투자를 하다 보면 본인의 의사와 관계없이 거래소의 규정에 따라 '관리 대상 종목'에 지정되기도 하고 급기야는 상장폐지를 당하기도 한다. 이와 같은 가능성이 있는 종목을 대상으로 하는 투자는 권하지는 않지만 어떤 것인지는 알아둘 필요가 있다. 그래야 피할 수가 있다.

소위 말하는 '상폐'는 개인 투자자 입장에서는 상상하고 싶지 않겠지만, 우리는 관리종목과 상장폐지에 대해서 알아야 한다, 그 이유는 지뢰를 밟지 않고 피해가기 위해서다.

상장사의 퇴출은 다음과 같은 흐름으로 진행된다. 우선 관리종목에 지정되고, 다음으로는 상장폐지 되며, 심사를 거쳐 영구폐지 된다. 그렇다면 관리종목 지정 및 상장폐지의 심사 기준은 무엇일까? 첫째, 장기 영업 손실, 둘째, 50% 이상 자본 잠식, 셋째, 사업보고서 미제출 및 기업 감사 의견에서 '한정, 부적정, 의견 거절'을 받은 경우다. 그 외에도 몇 가지가 더 있는데 다음과 같이 정리할 수 있다.

상장폐지 기준

1. 부도 발생 등 은행과의 거래 정지

기업이 부도가 나고 은행 거래가 정지되면 심각한 회생불능 상황에 해당한다.

2. 회사 정리 절차 개시

이것도 1항과 같은 심각한 상황이며 기업의 사라짐을 의미한다.

3. 영업 보고서의 감사의견 한정, 부적정, 의견 거절

영업 보고서는 투자자들이 기업의 건강 상태를 볼 수 있는 건강 검진서와 같다. 이것이 회계 원칙에 벗어나면 회계법인은 한정, 부적정, 의견 거절을 할 수 있다.

4. 영업활동 정지

5. 자본 잠식

6. 해산 사유 발생

7. 소액 주주 비율 미달

기본적인 주주 분산에 미달하는 경우 이미 상장사로서의 의미가 없다고 보는 것이다.

8. 6개월 평균 거래량 10/1,000 미만

거래량이 미약함으로 상장의 의미가 없다.

관리 대상 종목의 매매는 시장에서 제한적으로 이루어진다. 우선 신용 거래 대상에서 제외되며, 대용 증권 효력이 정지되고 가격폭 제한이 별도로 지정된다. 그리고 전/후장 동시호가 방식의 단일가 거래만 이루어진다.

애초에 종목을 선정할 때 근처에도 가지 말아야 할 것들이 있다.

이 종목들은 공통점들이 아주 많은데, 반드시 숙지하고 조심하자.

1. 최대주주 변경 후 기존 사업과 연관성이 없는 신사업을 공시하는 경우
2. 최근 유행하는 사업을 사업 목적에 추가하고 공시하는 경우
3. 무기명, 무보증 전환 사채를 대량 발행하는 경우
4. 뜬금없는 제3자 배정 유상증자를 공시하거나 정정 공시가 잦은 경우
5. 이유 없는 각자 대표나 공동 대표를 공시하는 경우
6. 불필요한 자율 공시를 자주 하는 경우

9. 고객 예탁금, 신용 융자금, 예수금

이것들은 주식 시장의 수급 상태를 파악할 때 자주 사용되는 것들이다. 소개되는 것들의 규모와 변화를 항상 점검해야 시장의 수급 상태의 변화와 그에 따른 앞으로의 향방을 예측할 수 있다. 아주 기본적이지만 중요한 자료이다.

고객 예탁금

고객 예탁금은 증권 회사가 유가증권 거래 등과 관련하여 고객으로부터 받아 일시 보관 중인 예수금을 의미한다. 그 종류가 다양한데 정리하자면 다음과 같다.

* 위탁자 예수금
* 청약자 예수금
* 저축자 예수금
* 환매조건부 예수금
* 신용 거래 구좌 설정 보증금
* 신용 거래 보증금

고객 예탁금은 주식을 사기 위해서 고객이 계좌에 맡겨 놓은 돈

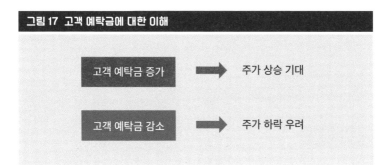

그림 17 고객 예탁금에 대한 이해

고객 예탁금 증가 ➡ 주가 상승 기대

고객 예탁금 감소 ➡ 주가 하락 우려

이기 때문에 고객 예탁금이 증가하면 향후 시장이 상승할 수 있는 힘(수요)이 있다고 판단하는 것이고, 반대로 감소하면 앞으로 시장의 수요가 줄었기 때문에 주가 하락을 우려하게 되는 것이다.

고객 예탁금에 대해 우리가 오해하고 있는 것들이 있다. 첫째, 주식 거래를 위해 들어온 돈과 주식을 판 돈이 모두 증권 계좌로 들어오기 때문에 고객 예탁금 증감 여부로만 주식 시장 활성화를 판단할 수는 없다. 둘째, 은행권 계좌, 저축성 상품 계좌와 증권 계좌의 연계가 수시로 이루어지기 때문에 지표로 삼는 데 한계가 있다. 셋째, 오히려 주가가 상승한 이후에 고객 예탁금이 늘어나는 등 지표의 후행적 역할을 할 때도 있다.

신용 융자금

신용 융자금은 주식을 매입하기 위하여 증권 회사로부터 융자받는 돈이다. 신용 잔고율은 해당 주식의 상장 주식 수 대비 신용으로 매수한 주식의 비율이 얼마나 되는지를 나타내는 것이다. 예를 들어 상장 주식 수가 100주, 신용으로 매수한 주식 수가 5주일 경우, 신용 잔고율은 5%로 볼 수 있다. 신용 잔고율이 높다는 것은 잦은 주가 흔들림에 취약할 수 있음을 암시한다.

신용 공여율

신용 공여율은 다음과 같이 계산한다.

신용 거래량 / 대상 주식 총 거래량×100

이는 대상 주식의 총거래량 중에 신용으로 거래된 거래량을 말한다. 신용 공여율이 높다는 것은 시장 참여자 중에서 해당 주식을 신용으로 산 사람이 많다는 뜻이다. 따라서 하락 시 급격한 하락으로 이어질 수 있다. 그러므로 고객 예탁금의 절대치가 높아지면, 신용 융자 잔고도 따라서 늘어날 수밖에 없는 것이다. 그렇기 때문에 절대치 보다는 고객 예탁금 대비 신용 융자 잔고의 비율을 따져보는 센스가 필요하다. 이는 중요한 관찰 포인트로, 30%를 넘어서면 조정이고 40%를 넘어서면 큰 폭의 조정이다.

고객 예탁금이 증가하면 자연히 신용 공여율도 올라갈 수밖에 없다. 그래서 신용 공여율이 단순하게 얼마인가 보다는 고객 예탁금 대비 얼마인가가 더 현실적 판단의 근거가 될 수 있다.

거래하는 증권사의 계좌 잔고를 보면 예수금이 D+1, D+2 이렇게 표기된다. 주식 투자는 3일 결제를 원칙으로 하기 때문이다. 즉,

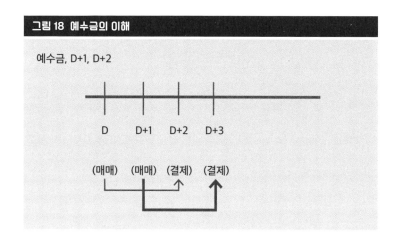

그림 18 예수금의 이해

예수금, D+1, D+2

D   D+1   D+2   D+3

(매매) (매매) (결제) (결제)

오늘 거래된 사항은 다음 다음 날(영업일 기준/3일차)에 결제가 이루어 진다. 그러나 다음, 다다음 거래일에 돌아올 예수금이 있으면 선행 적 매매가 가능하다. 일단 거래가 발생한 상태에서 추가적인 거래 를 돕기 위해서 증권사는 고객에게 다음 날(D+1일), 다음 다음 날(D+2 일)로 표시해 준다. 그래서 이 부분도 늘 살펴볼 필요가 있다.

10. 리포트 보는 법

리포트는 수많은 정보 중에서 가장 기본적인 정보이지만, 초보 투자자들이 간과하는 자료다. 하루에도 수없이 많은 증시 관련 리포트들이 쏟아져 나온다. 특히 '네이버 금융'에 가면 무료로 아주 쉽게 좋은 리포트들을 많이 만날 수 있다. 리포트를 처음 접한 초보 투자자들은 일단 겁을 먹는다. 온갖 이해할 수 없는 약호들이 가득하기 때문이다. 그러나 보기에만 어려울 뿐, 눈에 익으면 전혀 어렵지 않다. 내가 하지 못하는 분석을 대신해 놓은 아주 고마운 자료다. 적극적으로 활용하면 투자에 관한 다양한 정보를 접할 수 있다.

리포트에 주로 사용되는 약호를 소개해 놓았다. 매일 거르지 말고 리포트를 보는 습관을 들이기를 바란다.

또한 자주 보이는 주요 표기들도 설명했다. 이 정도만 알아도 리포트에서 눈에 들어오는 문장들의 이해 정도가 달라질 것이다.

YoY: year on year의 약어로 '전년 같은 분기 대비'라는 뜻이다
QoQ: quarter on quarter의 약어로 '직전 분기 대비'라는 뜻이다

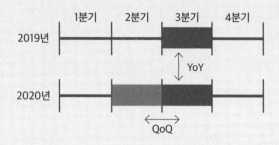

2019A: 2019년 확정치   ◦ A (Actual)

2021F: 2021년 잠정치   ◦ E (Estimated)

4Q20F: 2020년 4분기 잠정치   ◦ F (Forecasted)

1Q21F: 2021년 1분기 잠정치   ◦ P (Provisional)

2019E: 2019년 예측치

1H20: 2020년 상반기

2H21: 2021년 하반기

YTD: Year to Date, '누적값'

그림 21 네이버 금융 메인 화면

네이버 금융에서는 의외로 많은 자료를 무료로 사용할 수 있다. 검색창 하단의 '리서치'를 클릭하면 여러 증권사 애널리스트들의 리포트를 만날 수 있다.

그림 22 네이버 금융 리서치 화면

그림 23 리포트 예시

COMPANY ANALYSIS

삼성전자 (005930)

실적 성장과 밸류에이션 상향 임박

2021.4.7

매수
(유지)

목표가: 113,000원
상승여력: 31.4%

김영건 younggun.kim.a@miraeasset.com

1Q21 잠정실적 Review	**IM 및 CE의 실적이 당사 추정치 초과 달성한 것으로 판단**
	• 전사 OP 9.3조원 기록. 시장 기대치(9.1조원) 및 당사 추정치(9.0조원) 소폭 상회
	• 반도체: OP 3.5조원. 메모리는 예상에 부합했으나, 오스틴 파운드리 손실분 반영 추정
	• DP: OP 0.3조원. iPhone 계절적 영향 있으나, OLED 비중 확대 영향으로 가동률 유지
	• IM: OP 4.4조원. 갤럭시 S21 신모델 출시 효과 및 태블릿 출하량 호조 영향 추정
	• CE: OP 1.0조원. TV 및 가전 판매량 호조 영향이 지속된 것으로 추정

향후 전망	**하반기 DRAM 수요 강세 전망되는 가운데, 20년 선제적 투자 효과 극대화**
	• Intel Ice Lake 보급 확대에 따른 Server DRAM 탑재 채널 수 확장 효과 기대
	: 64GB 모듈 가격 경쟁력 상승으로 인한 탑재율 증가로 Server 대당 탑재량 성장 가능
	• 5G 스마트폰 침투율 증가에 따른 하반기 Mobile DRAM 수요 증가 견인 예상
	: 안드로이드 스마트폰의 5G 전환이 iPhone의 경우보다 탑재량면에서 영향력 큼
	• 경쟁사와의 DRAM 이익 증가율 격차가 112%pt(17년)에서 47%pt(21년)로 축소 추정
	: 파운드리 일시적 둔화로 인해 발생한 주가 퍼포먼스 괴리의 축소가 바람직
	• 부품 부족으로 2분기 스마트폰 출하량 영향 불가피하나 메모리 수요 타격은 제한적

목표주가 및 투자의견	**투자의견 '매수' 및 목표주가 113,000원 유지. 업종 최선호주**
	• 동사의 밸류에이션에는 파운드리 사업부 EBITDA에 글로벌 파운드리 Peer 밸류 적용
	• 최근 글로벌 파운드리 업종 조정에 따른 동사 파운드리 부분 가치 하락 압력 막바지
	• 미국 현지 파운드리 증설에 따라 외형 성장 및 파운드리 밸류에이션 본격 적용 기대
	• **하반기 메모리 위주의 실적 성장과 파운드리 밸류에이션 상향 조정 동반 전망**

Key data

현재주가(21/4/6, 원)	86,000	시가총액(십억원)	513,401
영업이익(21F, 십억원)	49,431	발행주식수(백만주)	6,793
Consensus 영업이익(21F, 십억원)	47,486	유동주식비율(%)	74.7
EPS 성장률(21F, %)	37.2	외국인 보유비중(%)	54.8
P/E(21F, x)	16.3	베타(12M) 일간수익률	0.98
MKT P/E(21F, x)	14.0	52주 최저가(원)	47,850
KOSPI	3,127.08	52주 최고가(원)	91,000

Share performance

주가상승률(%)	1개월	6개월	12개월
절대주가	4.8	45.8	76.6
상대주가	1.4	10.3	1.2

Earnings and valuation metrics

결산기 (12월)	2017	2018	2019	2020	2021F	2022F
매출액 (십억원)	239,575	243,771	230,401	236,807	282,076	335,598
영업이익 (십억원)	53,645	58,887	27,769	35,994	49,431	59,572
영업이익률 (%)	22.4	24.2	12.1	15.2	17.5	17.7
순이익 (십억원)	41,345	43,891	21,505	26,091	35,800	43,047
EPS (원)	5,421	6,024	3,166	3,841	5,270	6,337
ROE (%)	21.0	19.6	8.7	10.0	12.9	14.4
P/E (배)	9.4	6.4	17.6	21.1	16.3	13.6
P/B (배)	1.8	1.1	1.5	2.1	2.0	1.9
배당수익률 (%)	1.7	3.7	2.5	3.7	3.5	3.5

주: K-IFRS 연결 기준, 순이익은 지배주주 귀속 순이익
자료: 삼성전자, 미래에셋증권 리서치센터

글로벌 투자 파트너
MIRAE ASSET
미래에셋증권

그림 24 리포트 예시

2021.4.7 삼성전자

표 3. 삼성전자 전사 연결 실적 추이 및 전망(잠정실적 미반영) (십억원, %)

	1Q20	2Q20	3Q20	4Q20	1Q21F	2Q21F	3Q21F	4Q21F	2019	2020	2021F
원/달러 환율	1,193	1,221	1,188	1,119	1,104	1,116	1,110	1,110	1,112	1,099	1,136
매출액	55,325	52,966	66,964	61,552	62,906	68,799	76,747	73,624	230,401	236,807	282,076
YoY	5.6	-5.6	8.0	2.8	13.7	29.9	14.6	19.6	-5.5	2.8	19.1
QoQ	-7.6	-4.3	26.4	-8.1	2.2	9.4	11.6	-4.1			
반도체	17,644	18,231	18,799	18,180	18,017	21,780	23,989	24,646	64,939	72,855	88,432
Memory	13,140	14,615	14,279	13,510	13,865	16,430	18,427	18,835	50,216	55,544	67,556
Foundry & S.LSI	4,505	3,616	4,520	4,670	4,152	5,351	5,562	5,811	14,723	17,311	20,875
디스플레이	6,588	6,722	7,315	9,960	7,107	7,587	9,962	11,104	31,054	30,586	35,759
대형 LCD	1,100	1,200	1,461	1,426	1,127	1,248	1,410	1,467	5,800	5,187	5,252
중소형 OLED	5,488	5,522	5,854	8,534	5,979	6,339	8,551	9,637	25,254	25,399	30,507
IM	26,004	20,753	30,490	22,340	28,272	28,330	30,792	25,924	107,266	99,588	113,318
무선	24,951	19,799	29,811	21,460	27,374	27,521	30,145	25,342	102,332	96,021	110,383
네트워크	1,053	954	679	880	898	808	647	582	4,934	3,566	2,935
CE	10,155	10,315	14,092	13,611	12,688	13,917	14,709	14,437	44,756	48,173	55,750
VD	5,650	5,312	8,238	8,510	7,294	7,768	8,744	8,651	26,178	27,710	32,457
Harman	2,101	1,543	2,616	2,924	2,631	2,763	3,039	3,191	10,077	9,184	11,625
매출총이익	20,518	21,060	26,964	23,747	24,492	27,104	30,166	28,753	83,161	92,319	110,516
YoY	4.5	4.3	22.6	11.3	19.4	28.7	11.8	21.1	-25.3	11.0	19.7
QoQ	-3.8	2.6	28.2	-12.0	3.1	10.7	11.3	-4.7			
매출총이익률	37.1	39.8	40.3	38.6	38.9	39.4	39.3	39.1	36.1	39.0	39.2
영업이익	6,447	8,146	12,353	9,047	9,042	11,308	14,759	14,323	27,769	35,994	49,431
YoY	3.4	23.5	58.8	26.3	40.2	38.8	19.5	58.3	-52.8	29.6	37.3
QoQ	-10.0	26.4	51.6	-26.8	-0.1	25.1	30.5	-3.0			
반도체	3,993	5,427	5,537	3,848	3,709	6,622	8,001	8,408	14,016	18,805	26,739
Memory	3,527	5,225	4,816	3,442	3,684	5,831	7,085	7,593	12,865	17,009	24,194
Foundry & S.LSI	466	202	721	407	25	791	916	814	1,151	1,796	2,545
디스플레이	-287	298	472	1,753	323	302	1,071	1,445	1,581	2,237	3,141
대형 LCD	-191	-316	-269	-174	-184	-256	-209	-216	-1,366	-950	-865
중소형 OLED	-96	615	741	1,927	507	558	1,280	1,661	2,948	3,187	4,006
IM	2,650	1,950	4,454	3,365	3,883	3,728	4,031	3,048	9,273	12,419	14,690
무선	2,439	1,874	4,400	3,145	3,767	3,639	3,973	3,002	8,374	11,858	14,380
네트워크	211	76	54	220	116	89	58	47	898	561	310
CE	465	719	1,559	818	727	1,036	1,153	1,272	2,606	3,562	4,188
VD	375	369	1,149	595	457	728	795	925	1,907	2,489	2,906
Harman	-188	-93	152	185	79	63	132	127	322	56	401
영업이익률	11.7	15.4	18.4	14.7	14.4	16.4	19.2	19.5	12.1	15.2	17.5
반도체	22.6	29.8	29.5	21.2	20.6	30.4	33.4	34.1	21.6	25.8	30.2
Memory	26.8	35.8	33.7	25.5	26.6	35.5	38.5	40.3	25.6	30.6	35.8
Foundry & S.LSI	10.3	5.6	16.0	8.7	0.6	14.8	16.5	14.0	7.8	10.4	12.2
디스플레이	-4.4	4.4	6.5	17.6	4.5	4.0	10.7	13.0	5.1	7.3	8.8
대형 LCD	-17.3	-26.4	-18.4	-12.2	-16.3	-20.5	-14.8	-14.8	-23.6	-18.3	-16.5
중소형 OLED	-1.8	11.1	12.7	22.6	8.5	8.8	15.0	17.2	11.7	12.5	13.1

앞에서 설명한 약어들이 싱딩이 많이 쓰이고 있다는 것을 확인할 수 있을 것이다. 용어에 친숙해져서 리포트를 이해하는 연습을 반복한다면 시장 파악하는 데 도움이 될 것이다

11. 채권 금리, 채권 가격

주식 투자를 하고 있지만, 채권 동향을 모르는 것은 눈을 감고 다니는 것과 같다. 그런데 채권 금리와 채권 가격을 이해하기가 어렵다는 분들이 많다. 채권은 발행 당시 이미 확정된 이자가 정해진다. 반면 주식은 가격이 오를지 떨어질지 알 수가 없다. 물론 채권도 표면 금리는 있지만, 그때그때 금리 변화에 따라 채권가격이 변동된다. 하지만 일반적으로 주식은 위험 자산, 채권은 안전 자산으로 분류된다. 그리고 둘 사이에는 밀접한 연관성을 지니고 있다. 그래서 우리가 채권을 기본적으로 이해해야 한다. 아래 금리 변동에 따른 채권 가격 변동을 가능한 쉽게 그림으로 설명해 보았다.

그림 25 채권 금리와 채권 가격의 상관관계

채권금리　　채권가격

채권금리　　채권가격

＊채권 금리가 오르면 채권 가격은 하락하고, 채권 금리가 오르면 채권 가격은 떨어진다.

연간 임대수익: 1,000만 원
건물값: 2억 원
$$수익률= \frac{1,000만\ 원}{2억\ 원} = 5\%$$

 연간 임대수익: 1,000만 원
건물값: 3억 원
$$수익률= \frac{1,000만\ 원}{3억\ 원} = 3.3\%$$

＊채권을 부동산과 비교해서 설명을 해 보았다.

어떤 건물의 임대수익(채권의 발행 이율 개념)을 1,000만 원으로 고정화했을 때 이 건물을 사고자 하는 사람이 많아서 건물값이 3억 원으로 상승하면 임대 수익률이 떨어지는데(5%에서 3%로), 결국 수익률이 떨어지면 가격이 오르는 채권의 경우와 같다.

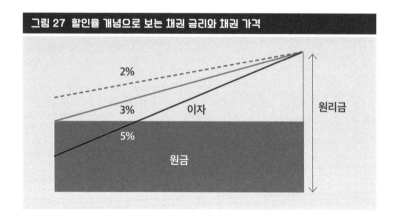

그림 27 할인율 개념으로 보는 채권 금리와 채권 가격

✻ 채권 금리와 채권 가격의 상관관계를 할인율 개념으로 설명해 보았다

금리가 올라가면 채권의 할인율이 가파라짐으로 채권가격은 하락 한다. 채권은 만기에 받는 원리금은 확정된 상태에서 수익률로 할인을 해서 현재의 가격을 산출하기 때문에 수익률이 높을수록 채권가격은 낮아진다.

채권 금리 변화를 %로 설명할 수도 있겠으나 워낙 미세한 움직임에도 가격 변동이 일어나기 때문에 통상적으로 %보다 훨씬 미세한 단위인 bp로 표기한다. 퍼센트(%)와 퍼센트포인트(%p)를 이해하기 쉽게 예로 들어 보았다. 작년 실업률이 3%고 올해 실업률이 6%라고 하자.

1) 퍼센트: 실업률이 작년보다 100% 상승했다.

2) 퍼센트포인트: 실업률이 작년에 비해 3%p 상승했다.

1%를 100bp라고 쓴다고 이해하면 된다.

즉, 1%=100bp / 1bp = 0.01% 인 것이다.

12. 미국 시장 보는 방법

전 세계적으로 가장 큰 주식 시장은 어디일까? 바로 미국의 시장이다. 미국 증시의 흐름이 어떻게든 영향을 미치기 마련이므로 요즘은 서학 개미가 아니라도 미국 시장에 대한 상황은 늘 점검해야 한다. 전문가가 아니라도 가볍게 미국 주식 시장을 확인 할 수 있는 사이트를 소개한다. 바로 핀 비즈 닷컴(FINVIZ.com)이다. 구글에서 친절하게도 번역 서비스까지 해주고 있어 쉽게 접근할 수 있다.

다음 장의 그림이 핀 비즈 닷컴에 들어가면 가장 처음 보이는 메인 화면이다. 상단에 미 증시 주요 3대 지수가 보이고 오른쪽에는 가격 변동에 따른 맵이 보여진다. 이 맵은 시장의 주요 섹터별로 나뉘어 있는데, 섹터에 속한 기업들이 시가총액 기준으로 시각화되어 있다. 한눈에 시장의 흐름을 파악하기 용이하다. 1일, 1주, 1개월 등 다양한 기준으로도 살펴볼 수 있다는 장점이 있다. 그 하단으로도 주요 가격, 채권 금리, 시장 코멘트 등을 볼 수 있다. 자주 볼수록 많은 도움이 된다.

그림 28 핀 비즈 닷컴의 메인 화면

감사합니다

주식 시장은 낙관론자가 만든 것이 분명하다. 미래에는 지금의 꿈과 희망이 이루어질 것이라는 가정하에 주식을 산다. 단기적이고 한시적으로 주가가 떨어지는 방향에 거는 숏쟁이들도 주식 시장엔 존재하지만, 그들도 결국은 오늘보다 나은 미래를 희망한다. 낙관론자들이 없었다면 신대륙 발견도 인간의 달 탐험도 없었을 것이다. 주식 시장에서 우리들은 돈을 벌겠다고 매일 아우성을 치지만 그것은 내일의 희망과 꿈을 이루려는 노력이다. 그래서 주식 시장에는 우리의 인생이 녹아 있다. 주식 시장은 딱딱한 경제 논리가 지배하는 곳이라고 생각할 수 있지만, 세상 모든 것이 녹아져 있는 참 인생을 느낄 수 있게 해 주는 곳이다. 무리한 욕심만 버린다면 적절한 부도 얻을 수 있다. 그런 곳에서 평생을 일하고 은퇴할 수 있어서 감사한다.

그리고 은퇴 후 '슬기로운 꼰대 생활'을 해보자고 시작한 유튜브에 많은분들이 구독하고 참여하고 투자에 도움이 되셨다고 하니 감사하다. 또 이렇게 별로 내세울 것도 없는 범부의 넋두리 같은 글을 책으로 출판해주신 출판사에 감사한다. 더욱이 이런 글을 사서 읽어주신 분들이 계셔서 감사하다. 나는 타고난 낙관주의자이다. 돌아보면 당연히 그렇고, 앞으로도 별로 비관스럽지 않을 것 같다. 이렇게 낙관론자로 태어난 것에 감사한다. 학부에서는 철학을 전공했고 대학원에서 경영학을 했지만 이런 배움이 나를 진짜 증권쟁이로 만들어 줄 수 있었음에 감사한다.

돈 말고도 우리가 가치를 부여할 수 있는 것이 많다는 가르침을 주신 김형석 교수님 같은 훌륭한 은사님을 만날 수 있었음에 감사한다. 그래서 돈을 버는 것을 직업으로 평생을 지내면서도 돈의 유혹에 빠지지 않을 수 있게 해주심에 감사한다. 사랑하는 가족이 늘 뛰어나지도 않은 나를 응원해 주는 것에 감사한다. 태어나서 지금껏 주변에 나를 아껴주고 격려해 주는 사람들로 넘쳐나게 해주심에 감사한다. 나이를 뛰어넘는 건강을 주심에 감사한다. 나는 정말이지 너무 많은 감사함 속에서 살고 있다.

주식 투자를 잘하는 방법은 감사한 마음이 출발이자 끝이다.

여러분 감사합니다.

한세구 야고보

주식은 그렇게 하는 게 아닙니다

2021년 05월 12일 1쇄 발행

지은이 한세구
펴낸이 김상현, 최세현 **경영고문** 박시형

책임편집 이수빈 **디자인** 박선향
마케팅 권금숙, 양근모, 양봉호, 임지윤, 이주형, 유미정
디지털콘텐츠 김명래 **경영지원** 김현우, 문경국
해외기획 우정민, 배혜림
펴낸곳 (주)쌤앤파커스 **출판신고** 2006년 9월 25일 제406-2006-000210호
주소 서울시 마포구 월드컵북로 396 누리꿈스퀘어 비즈니스타워 18층
전화 02-6712-9800 **팩스** 02-6712-9810 **이메일** info@smpk.kr

ⓒ 한세구 (저작권자와 맺은 특약에 따라 검인을 생략합니다)
ISBN 979-11-6534-345-3 (03320)

쌤앤파커스(Sam&Parkers)는 독자 여러분의 책에 관한 아이디어와 원고 투고를 설레는 마음으로 기다리고
있습니다. 책으로 엮기를 원하는 아이디어가 있으신 분은 이메일 book@smpk.kr로 간단한 개요와 취지,
연락처 등을 보내주세요. 머뭇거리지 말고 문을 두드리세요. 길이 열립니다.